LES
AUTEURS LATINS

EXPLIQUÉS D'APRÈS UNE MÉTHODE NOUVELLE

PAR DEUX TRADUCTIONS FRANÇAISES

Cet ouvrage a été expliqué littéralement par M. Sommer, ancien élève de l'École normale, agrégé des classes supérieures des lettres, traduit en français et annoté par M. Aug. Desportes, traducteur de Virgile.

DE L'IMPRIMERIE DE CRAPELET, RUE DE VAUGIRARD, N° 9.

LES
AUTEURS LATINS

EXPLIQUÉS D'APRÈS UNE MÉTHODE NOUVELLE

PAR DEUX TRADUCTIONS FRANÇAISES

L'UNE LITTÉRALE ET JUXTALINÉAIRE PRÉSENTANT LE MOT A MOT FRANÇAIS
EN REGARD DES MOTS LATINS CORRESPONDANTS
L'AUTRE CORRECTE ET PRÉCÉDÉE DU TEXTE LATIN

avec des sommaires et des notes

PAR UNE SOCIÉTÉ DE PROFESSEURS
ET DE LATINISTES

HORACE

ODES ET ÉPODES
Tome premier

L. HACHETTE ET Cie
LIBRAIRES DE L'UNIVERSITÉ ROYALE DE FRANCE

A PARIS
RUE PIERRE-SARRAZIN, N° 12
(Quartier de l'École de Médecine)

A ALGER
RUE DE LA MARINE, N° 117
(Librairie centrale de la Méditerranée)

1847

AVIS

RELATIF A LA TRADUCTION JUXTALINÉAIRE.

On a réuni par des traits les mots français qui traduisent un seul mot latin.

On a imprimé en *italiques* les mots qu'il était nécessaire d'ajouter pour rendre intelligible la traduction littérale, et qui n'avaient pas leur équivalent dans le latin.

Enfin, les mots placés entre parenthèses doivent être considérés comme une seconde explication, plus intelligible que la version littérale.

ARGUMENT ANALYTIQUE.

Ode I. A Mécène. — Chacun a son penchant : Horace ne désire que le titre de poëte lyrique et les suffrages de Mécène.

Ode II. A César Auguste. — Horace raconte les divers malheurs que le meurtre de César a attirés sur les Romains. Il exhorte Octave à remédier à tant de maux.

Ode III. Au vaisseau qui portait Virgile à Athènes. — Il souhaite à son ami une heureuse traversée. Digression contre l'audace des hommes.

Ode IV. A Sestius. — Il peint le retour du printemps, et il invite Sestius à jouir de la vie, sans trop se préoccuper de l'avenir.

Ode V. A Pyrrha. -- Il lui demande quel est le nouvel amant qu'elle favorise. Il plaint le sort de cet amant, qu'elle doit trahir un jour. Le poëte lui-même a éprouvé l'inconstance de Pyrrha.

Ode VI. A Agrippa. — Le poëte ne se sent point assez de génie pour chanter les exploits héroïques.

Ode VII. A Munatius Plancus. — Il vante le séjour de Tibur, et exhorte Plancus à noyer ses soucis dans le vin.

Ode VIII. A Lydie. — Horace lui reproche d'enchaîner Sybaris par l'amour qu'elle lui inspire, et de le détourner des exercices de son âge.

Ode IX. A Thaliarque. — Il engage cet ami à passer gaiement l'hiver.

Ode X. Hymne à Mercure. — Éloge de ce dieu.

Ode XI. A Leuconoé. — Il l'engage à bien employer le temps présent, sans s'inquiéter de l'avenir.

Ode XII. A Auguste. — Après avoir chanté les dieux, les héros et quelques grands hommes de Rome, le poëte finit par les louanges d'Auguste.

Ode XIII. A Lydie. — Horace décrit ce qu'il éprouve de tourments aux éloges qu'elle fait de la beauté de Télèphe. Il essaye de la détourner de cet amant, qui, dans les emportements de sa passion, la blesse et la meurtrit. Il vante la douceur d'un amour sans querelles.

Ode XIV. A la République. — Sous l'allégorie d'un vaisseau, il exhorte la République à ne point s'exposer de nouveau au danger des guerres civiles.

Ode XV. Nérée prédit la ruine de Troie.

Ode XVI. Palinodie. — Il demande grâce à Tyndaris, irritée des vers qu'il avait faits contre elle.

Ode XVII. A Tyndaris. — Il l'invite à venir partager les délices de sa maison de campagne.

Ode XVIII. A Varus. — Il recommande à son ami la culture de la vigne; mais en faisant l'éloge du vin il en proscrit l'excès.

Ode XIX. Glycère. — Horace avait dit adieu aux amours, mais la beauté de Glycère le ramène sous leur empire. Il fait un sacrifice à Vénus pour se la rendre favorable.

Ode XX. A Mécène. — Il l'invite à un repas frugal, et le prie d'excuser la médiocrité de son vin.

Ode XXI. Hymne en l'honneur de Diane et d'Apollon. — Le poëte fait des vœux pour le salut de l'empire.

Ode XXII. A Aristius Fuscus. — L'homme de bien n'a rien à craindre.

Ode XXIII. A Chloé. — Il cherche à rassurer Chloé qui le fuyait, et l'engage à s'affranchir de la garde de sa mère, puisqu'elle est arrivée à l'âge d'avoir un amant.

Ode XXIV. A Virgile. — Il déplore la mort de Quintilius.

Ode XXV. A Lydie. — Il lui parle de la solitude dans laquelle la laissent les amants, et lui dit que bientôt vieille et sans charmes, en proie aux fureurs de l'amour, elle verra ses feux méprisés.

Ode XXVI. A Elius Lamia. — Le poëte veut célébrer dignement son ami Élius Lamia.

Ode XXVII. A ses Amis. — Qu'il faut se tenir en garde contre les excès du vin et les piéges de l'amour.

Ode XXVIII. Archytas. — Archytas, étendu mort sur le rivage de la mer, demande la sépulture à un nautonnier.

Ode XXIX. A Iccius. — Il le raille de ce qu'il a renoncé à la philosophie pour prendre le parti des armes.

Ode XXX. A Vénus. — Il la prie d'agréer un sacrifice que lui offre Glycère.

Ode XXXI. A Apollon. — Ce ne sont pas des richesses qu'il demande : le poëte se contente de peu, mais il désire vieillir sain de corps et d'esprit, et sans déposer sa lyre.

Ode XXXII. A sa Lyre. — Il lui demande des inspirations.

Ode XXXIII. A Albius Tibulle. — Il cherche à le consoler de l'inconstance de Glycère, qui l'a quitté pour un nouvel amant.

Ode XXXIV. Retour au culte des dieux.

Ode XXXV. A la Fortune. — Il l'invoque pour Auguste et pour la prospérité des armes Romaines.

Ode XXXVI. A Plotius Numida. — Il le félicite sur son retour d'Espagne.

Ode XXXVII. A ses Amis. — Qu'il faut se réjouir de la mort de Cléopâtre.

Ode XXXVIII. A son Esclave. — Il lui recommande la simplicité dans les apprêts d'un repas.

HORATII

CARMINUM

LIBER I.

CARMEN I.

AD MÆCENATEM.

Mæcenas, atavis edite regibus[1],
O et præsidium, et dulce decus meum:
Sunt quos curriculo pulverem Olympicum
Collegisse juvat, metaque fervidis
Evitata rotis palmaque nobilis
Terrarum dominos evehit ad deos;
Hunc, si mobilium turba Quiritium[2]
Certat tergeminis tollere honoribus[3];
Illum, si proprio condidit horreo
Quidquid de Libycis verritur areis[4].

ODE I.

A MÉCÈNE.

Toi qui comptes des rois parmi tes aïeux, Mécène, ô mon appui, ô ma douce gloire! il est des mortels qui aiment à faire voler la poussière dans la lice Olympique; et l'honneur d'avoir de leurs roues brûlantes évité la borne, et la palme glorieuse qu'ils obtiennent, les élèvent au rang des dieux maîtres du monde. L'un est au comble de ses vœux, si la foule inconstante des enfants de Romulus s'empresse de le porter aux dignités suprêmes; l'autre, s'il a renfermé dans ses greniers tout ce qui se recueille de blé dans les aires de la Libye.

HORACE.

ODES.

LIVRE I.

CARMEN I.

AD MÆCENATEM.

Mæcenas,
edite atavis regibus,
o et meum præsidium
et dulce decus :
sunt quos juvat
collegisse curriculo
pulverem Olympicum,
metaque evitata
rotis fervidis,
palmaque nobilis
evehit ad deos
dominos terrarum ;
hunc,
si turba Quiritium
mobilium
certat tollere
honoribus tergeminis ;
illum,
si condidit proprio horreo
quidquid verritur
de areis Libycis.

ODE I.

A MÉCÈNE.

Mécène
issu d'aïeux rois,
ô et mon appui
et *ma* douce gloire :
il est *des hommes* à qui il plaît
d'avoir amassé (soulevé) dans la carrière
la poussière Olympique,
et la borne évitée
avec les roues brûlantes,
et la palme glorieuse
les élève jusqu'aux dieux
maîtres des terres ;
à celui-ci *il plaît*,
si (que) la foule des Quirites
mobiles (inconstants)
s'empresse de *l'*élever
par des honneurs triples (suprêmes) ;
à celui-là,
s'il a enfermé dans *son* propre grenier
tout ce qui se balaye (se ramasse)
des aires de-Libye.

Gaudentem patrios findere sarculo
Agros Attalicis [5] conditionibus
Nunquam dimoveas, ut trabe Cypria
Myrtoum pavidus nauta secet mare.
Luctantem Icariis [6] fluctibus Africum
Mercator metuens otium et oppidi
Laudat rura sui; mox reficit rates
Quassas, indocilis pauperiem pati.
Est qui nec veteris pocula Massici [7],
Nec partem solido demere de die [8]
Spernit, nunc viridi membra sub arbuto
Stratus, nunc ad aquæ lene caput sacræ [9].
Multos castra juvant, et lituo tubæ
Permixtus sonitus, bellaque matribus
Detestata. Manet sub Jove [10] frigido

Celui qui met son bonheur à cultiver de ses mains le champ de ses pères, n'y renoncerait pas au prix des trésors d'Attale, pour aller, timide navigateur, sur un vaisseau de Cypre, sillonner la mer de Myrtos. Lorsqu'il voit le vent d'Afrique lutter contre les flots où périt Icare, le marchand effrayé vante le repos et les champs paisibles voisins de sa ville natale ; mais bientôt, indocile au joug de la pauvreté, il radoube ses vaisseaux maltraités par la tempête. Tel autre ne hait point les coupes de vieux Massique, et dérobe volontiers aux affaires une partie du jour, nonchalamment couché tantôt à l'ombre d'un vert feuillage, tantôt près de la source paisible d'une onde sacrée. Un grand nombre préfère les camps, et le son de la trompette mêlé aux fanfares du clairon, et les combats abhorrés des mères; le chasseur, oublieux

Nunquam dimoveas	Jamais tu ne détournerais
conditionibus	*même* par des conditions (promesses)
Attalicis	*d'une fortune* d'-Attale
gaudentem findere sarculo	celui qui se plaît à entr'ouvrir avec la houe
agros patrios,	les champs paternels,
ut nauta pavidus	au point que matelot tremblant
secet trabe Cypria	il fende avec la poutre de-Cypre (un vais-
mare Myrtoum.	la mer de-Myrtos. [seau de bois de Cypre)
Mercator metuens Africum	Le marchand qui craint le vent-d'Afrique
luctantem fluctibus	luttant contre les flots
Icariis,	de-la-mer-d'Icare,
laudat otium	loue le repos
et rura sui oppidi;	et les campagnes de sa ville;
mox reficit	bientôt il répare
rates quassas,	*ses* vaisseaux secoués (maltraités),
indocilis pati pauperiem.	indocile à supporter la pauvreté.
Est qui nec spernit	Il est *un homme* qui ne méprise pas
pocula veteris Massici,	des coupes de vieux Massique,
nec demere partem	ni de retrancher une partie
de die solido,	du jour entier,
nunc stratus membra	maintenant couché quant à *ses* membres
sub arbuto viridi,	sous un arbre vert,
nunc ad caput lene	tantôt près de la tête (source) paisible
aquæ sacræ.	d'une eau sacrée.
Castra juvant multos,	Les camps plaisent à beaucoup,
et sonitus tubæ	et le son de la trompette
permixtus lituo,	mêlé au clairon,
bellaque	et les guerres
detestata matribus.	détestées des mères.
Venator manet	Le chasseur demeure
sub Jove frigido,	sous Jupiter (à l'air) froid,

Venator, teneræ conjugis immemor,
Seu visa est catulis cerva fidelibus,
Seu rupit teretes Marsus aper plagas.
Me doctarum hederæ præmia frontium
Dis miscent superis; me gelidum nemus
Nympharumque leves cum Satyris chori
Secernunt populo, si neque tibias
Euterpe cohibet, nec Polyhymnia
Lesboum [11] refugit tendere barbiton.
Quod si me lyricis vatibus inseres,
Sublimi feriam sidera vertice.

d'une tendre épouse, affronte les hivers pour atteindre la biche qu'a lancée sa meute fidèle, ou le sanglier Marse échappé de ses toiles.

Moi, couronné du lierre qui pare les doctes fronts, je m'élève au rang des dieux de l'Olympe. Les frais bocages, les danses légères des Nymphes et des Satyres me séparent du vulgaire obscur, pourvu qu'Euterpe n'impose pas silence à sa double flûte, et que Polymnie ne refuse pas d'accorder le luth de Lesbos. Mais si tu daignes me placer parmi les poëtes maîtres de la lyre, mon front sublime ira toucher les cieux.

CARMEN II.

AD AUGUSTUM CÆSAREM.

Jam satis terris nivis atque diræ [1]
Grandinis misit Pater, et rubente
Dextera sacras jaculatus arces
Terruit urbem;
Terruit gentes, grave ne rediret
Sæculum Pyrrhæ nova monstra questæ,
Omne quum Proteus pecus egit altos
Visere montes,
Piscium et summa genus hæsit ulmo,
Nota quæ sedes fuerat columbis,
Et superjecto pavidæ natarunt
Æquore damæ.
Vidimus flavum Tiberim, retortis
Littore Etrusco violenter undis,
Ire dejectum monumenta regis,
Templaque Vestæ;
Iliæ [2] dum se nimium querenti
Jactat ultorem, vagus et sinistra
Labitur ripa, Jove non probante, u-
xorius amnis.

ODE II.

A CÉSAR AUGUSTE.

Assez longtemps le père des dieux a fait tomber sur la terre, et la neige et la grêle désastreuses. Assez longtemps sa droite étincelante, foudroyant nos temples sacrés, a menacé Rome, a menacé l'univers du retour de ce siècle affreux où Pyrrha, gémissant de tant de prodiges inouïs, vit Protée chasser son troupeau marin jusqu'au sommet des montagnes, les poissons s'arrêter sur la cime des ormes, demeure chérie de la colombe, et les daims timides nager au sein des flots débordés. Nous avons vu le Tibre limoneux lancer violemment ses eaux loin du rivage Étrusque pour renverser un tombeau royal et le temple de Vesta; nous l'avons vu, trop sensible aux larmes d'une épouse, s'égarer dans son cours, et, sans l'aveu de Jupiter, couvrant de ses eaux sa rive gauche, jurer de venger la plaintive Ilia.

immemor teneræ conjugis,	oublieux de *sa* tendre épouse,
seu cerva visa est	soit qu'une biche ait été vue
catulis fidelibus,	de *ses* chiens fidèles,
seu aper Marsus	soit qu'un sanglier Marse
rupit plagas teretes.	ait rompu *ses* filets arrondis.
Hederæ,	Le lierre,
præmia	récompense
doctarum frontium,	des doctes fronts,
me miscent	me mêle (me rend égal)
dis superis;	aux dieux d'en-haut;
nemus gelidum,	une forêt fraîche,
chorique leves	et les chœurs légers
nympharum cum Satyris	des nymphes avec les Satyres
me secernunt populo,	me séparent du peuple (du vulgaire)
si neque Euterpe	si (pourvu que) et Euterpe
cohibet tibias,	ne retienne pas *sa* flûte,
nec Polyhymnia refugit	et que Polymnie ne se refuse pas
tendere barbiton Lesboum.	à tendre le luth de-Lesbos.
Quod si me inseres	Que si tu m'introduis (me comptes)
vatibus lyricis,	parmi les poëtes lyriques,
feriam sidera	je frapperai les astres
vertice sublimi.	de *ma* tête élevée.

CARMEN II.

AD AUGUSTUM CÆSAREM.

Pater
misit terris
jam satis nivis
atque grandinis diræ,
et jaculatus
dextera rubente
arces sacras,
terruit urbem;
terruit gentes,
ne sæculum grave
Pyrrhæ
rediret,
questæ
monstra nova,
quum Proteus
egit omne pecus
visere altos montes,
et genus piscium
hæsit summa ulmo,
sedes quæ fuerat nota
columbis;
et damæ pavidæ
natarunt æquore
superjecto.
Vidimus Tiberim flavum,
undis retortis violenter
littore Etrusco,
ire dejectum
monumenta regis,
templaque Vestæ;
dum jactat
Iliæ querenti nimium
se ultorem,
et vagus
labitur ripa sinistra,
Jove non probante,
amnis uxorius.

ODE II.

A AUGUSTE CÉSAR.

Le père *des dieux*
a envoyé aux terres
déjà assez de neige
et de grêle funeste,
et frappant-comme-d'un-trait
de *sa* droite rouge (armée de feu)
les hauteurs sacrées,
il a *assez* effrayé la ville (Rome);
il a effrayé les nations,
qui ont craint que le siècle terrible
de Pyrrha
ne revînt,
de Pyrrha qui se plaignit
de prodiges nouveaux,
alors que Protée
conduisit tout *son* troupeau
visiter les hautes montagnes,
et que l'espèce des poissons
s'arrêta au sommet de l'orme,
demeure qui avait été connue (familière)
aux colombes;
et que les daims timides
nagèrent dans la plaine-liquide
répandue-sur *la terre.*
Nous avons vu le Tibre jaune,
ses eaux étant relancées violemment
du rivage Étrusque,
aller abattre
le monument du roi (de Numa),
et le temple de Vesta;
tandis qu'il dit (promet)
à Ilia qui se plaignait avec excès
lui *devoir être son* vengeur,
et que errant (quittant son lit)
il coule *loin* de *sa* rive gauche,
Jupiter ne *l'*approuvant pas,
fleuve trop-faible-pour-son-épouse.

Audiet cives acuisse ferrum,
Quo graves Persæ[3] melius perirent;
Audiet pugnas vitio parentum
Rara juventus.
Quem vocet divum populus ruentis
Imperi rebus? prece qua fatigent
Virgines sanctæ minus audientem
Carmina Vestam?
Cui dabit partes scelus[4] expiandi
Jupiter? Tandem venias precamur,
Nube candentes humeros amictus,
Augur Apollo;
Sive tu mavis, Erycina[5] ridens,
Quam Jocus circumvolat, et Cupido;
Sive neglectum genus et nepotes
Respicis auctor[6],
Heu! nimis longo satiate ludo,
Quem juvat clamor, galeæque leves,

Nos jeunes Romains, devenus rares par les crimes de leurs pères, apprendront un jour nos tristes combats; ils apprendront que des citoyens ont aiguisé contre eux-mêmes un fer sous lequel devait tomber plutôt le Parthe redoutable.

Quelle divinité le peuple appellera-t-il au secours de l'empire qui s'écroule? Par quelles prières nos vierges sacrées fléchiront-elles Vesta, qui ferme l'oreille à leurs chants? A qui Jupiter confiera-t-il le soin d'expier nos crimes? O viens, nous t'en prions, toi qui voiles ton corps d'un mystérieux nuage, Apollon, dieu des augures; ou toi, si tu l'aimes mieux, riante Vénus, autour de qui voltigent et les Jeux et l'Amour; ou toi, père des Romains, si tu jettes encore les yeux sur tes enfants abandonnés, si tu es las enfin de ces jeux cruels qui durent, hélas! depuis trop longtemps; dieu qui aimes les cris de guerre, l'éclat des casques polis et le regard farouche du

Juventus rara	La jeunesse rare (peu nombreuse)
vitio parentum	par la faute de *ses* pères
audiet cives	entendra *dire* que les citoyens
acuisse ferrum,	avoir (ont) aiguisé le fer,
quo Persæ graves	par lequel les Perses redoutables
perirent melius;	eussent dû périr mieux (plutôt);
audiet pugnas.	elle entendra *dire nos* combats.
Quem divum	Quel dieu
populus vocet	le peuple pourrait-il appeler
rebus	pour *soutenir* les affaires
imperi ruentis?	de l'empire qui s'écroule?
qua prece	par quelle prière
virgines sanctæ	les vierges saintes
fatigent Vestam	pourraient-elles importuner Vesta
audientem minus	qui entend moins *favorablement*
carmina?	*leurs* chants?
Cui Jupiter	A qui Jupiter
dabit partes	donnera-t-il le rôle
expiandi scelus?	d'expier le crime?
Precamur	Nous *te* prions
venias tandem,	que tu viennes enfin,
amictus nube	revêtu d'un nuage
humeros candentes,	sur *tes* épaules blanches,
augur Apollo;	prophète Apollon;
sive tu mavis,	ou *toi*, si tu *l'*aimes-mieux,
ridens Erycina,	riante Érycine (Vénus),
quam circumvolat	*toi* autour de qui volent
Jocus et Cupido;	le Jeu (les jeux) et Cupidon;
sive respicis	ou *toi*, *si* tu regardes
genus neglectum	*ta* race négligée (oubliée)
et nepotes,	et *tes* descendants,
auctor,	*toi* auteur *de cette race* (père des Romains),
satiate ludo	rassasié d'un jeu
heu! nimis longo,	hélas! trop long;
quem juvat clamor,	*toi* à qui plaît le cri *de guerre*,
galeæque leves,	et les casques polis,
et vultus acer	et le visage farouche

Acer et Marsi[7] peditis cruentum
Vultus in hostem;
Sive mutata juvenem[8] figura
Ales in terris imitaris, almæ
Filius Maiæ, patiens vocari
Cæsaris ultor:
Serus in cœlum redeas, diuque
Lætus intersis populo Quirini.
Neve te nostris vitiis iniquum
Ocior aura
Tollat. Hic magnos potius triumphos,
Hic ames dici pater atque princeps,
Neu sinas Medos[9] equitare inultos,
Te duce, Cæsar.

Marse qui menace son ennemi sanglant; ou toi, fils ailé de la belle Maïa, si sous les traits d'un jeune héros tu ne dédaignes pas d'être appelé parmi nous le vengeur de César, ah! ne remonte que bien tard dans les cieux; fais ton bonheur de vivre au milieu des enfants de Romulus, et puisse un vent rapide ne pas te ravir à nos vœux, le cœur encore indigné de nos crimes! Mais plutôt jouis ici de tes glorieux triomphes; jouis du plaisir d'être appelé le père, le prince de la patrie, et ne souffre pas que la cavalerie des Mèdes fasse impunément des courses dans l'empire que gouverne César.

Marsi peditis	du Marse fantassin
in hostem cruentum;	*tourné* contre *son* ennemi sanglant;
sive figura mutata	ou *toi* si, *ta* forme étant changée,
imitaris juvenem	tu imites (ressembles à) un jeune héros
in terris,	sur la terre,
filius ales	fils ailé
almæ Maiæ,	de la bienfaisante Maia,
patiens vocari	endurant de (consentant à) être appelé
ultor Cæsaris :	vengeur de César :
redeas serus	retourne tardif (tard)
in cœlum,	dans le ciel,
lætusque	et favorable
diu intersis populo	longtemps sois-au-milieu du-peuple
Quirini.	de Quirinus.
Neve aura ocior	Ou (et) qu'une brise trop prompte
tollat te	n'enlève pas toi
iniquum nostris vitiis.	mécontent de nos vices.
Ames potius hic	Aime plutôt ici
magnos triumphos,	de grands triomphes,
hic	*aime plutôt* ici
dici pater atque princeps,	d'être dit (appelé) père et prince,
neu sinas	ou (et) ne permets pas
Medos equitare	les Mèdes faire-des-courses-à-cheval
inultos,	impunis,
te duce, Cæsar.	toi *étant* chef, César.

CARMEN III.

AD NAVEM QUA VEHEBATUR VIRGILIUS ATHENAS PROFICISCENS.

Sic te Diva potens Cypri,
Sic fratres Helenæ, lucida sidera,
Ventorumque regat pater,
Obstrictis aliis præter Iapyga[1],
Navis, quæ tibi creditum
Debes Virgilium; finibus Atticis
Reddas incolumem, precor,
Et serves animæ dimidium meæ.
Illi robur[2] et æs triplex
Circa pectus erat, qui fragilem truci[3]
Commisit palago ratem
Primus, nec timuit præcipitem Africum
Decertantem Aquilonibus,
Nec tristes Hyadas, nec rabiem Noti,
Quo non arbiter Hadriæ[4]
Major, tollere seu ponere vult freta.
Quem mortis timuit gradum[5],

ODE III.

AU VAISSEAU QUI PORTAIT VIRGILE A ATHÈNES.

Puissent te diriger sur les mers et la déesse que Cypre adore et les frères d'Hélène, ces astres radieux; puisse le roi des vents les enchaîner tous, et ne laisser souffler pour toi que l'Iapix, ô vaisseau qui dois à ma tendresse Virgile que je t'ai confié! Rends-le sain et sauf aux rivages Athéniens, et conserve-moi, je t'en conjure, cette moitié de moi-même. Il eut sans doute un cœur entouré d'un triple chêne, d'un triple bronze, celui qui le premier osa confier une barque fragile à la mer en courroux; qui ne craignit ni le vent impétueux d'Afrique luttant contre les Aquilons, ni les sinistres Hyades, ni la rage du Notus, le plus puissant dominateur de l'Adriatique, soit qu'il veuille soulever ou calmer ses flots. Quel genre de mort a pu

CARMEN III.	ODE III.
AD NAVEM QUA VEHEBATUR VIRGILIUS PROFICISCENS ATHENAS.	AU VAISSEAU SUR LEQUEL ÉTAIT PORTÉ VIRGILE PARTANT POUR ATHÈNES.
Sic diva	Qu'ainsi la déesse
potens Cypri,	maîtresse de Cypre,
sic fratres Helenæ,	qu'ainsi les frères d'Hélène,
sidera lucida,	astres radieux,
paterque ventorum	et le père des vents
regat te,	dirige toi,
aliis obstrictis	les autres *vents* étant enchaînés
præter Iapyga,	excepté l'Iapix,
navis, quæ debes	vaisseau, qui *me* dois (qui dois me
Virgilium creditum tibi;	Virgile confié à toi; [rendre)
reddas incolumem, precor,	rends-*le* sain-et-sauf, je *te* prie,
finibus Atticis,	aux confins Attiques,
et serves	et conserve
dimidium meæ animæ.	la moitié de mon âme.
Robur et æs triplex	Du rouvre et un airain triple
erat circa pectus	était autour de la poitrine
illi, qui primus	à celui-là, qui le premier
commisit ratem fragilem	confia une barque fragile
pelago truci,	à la mer menaçante,
nec timuit	et ne craignit pas
Africum præcipitem	le vent-d'Afrique impétueux
decertantem Aquilonibus,	luttant contre les Aquilons,
nec tristes Hyadas,	ni les sinistres Hyades,
nec rabiem Noti,	ni la rage du Notus,
quo	en comparaison duquel
non arbiter major	*il n'est* pas de dominateur plus puissant
Hadriæ,	de l'Adriatique,
seu vult tollere	soit qu'il veuille soulever
ponere freta.	*ou* abaisser les eaux. [genre de mort)
Quem gradum mortis	Quelle marche de (vers) la mort (quel
timuit,	a-t-il craint,

Qui siccis oculis monstra natantia,
Qui vidit mare turgidum et
Infames scopulos Acroceraunia[6]?
Nequicquam deus abscidit
Prudens Oceano dissociabili
Terras, si tamen impiæ
Non tangenda rates transiliunt vada.
Audax omnia perpeti
Gens humana ruit per vetitum nefas.
Audax Iapeti genus
Ignem fraude mala gentibus intulit.
Post ignem ætheria domo
Subductum, macies et nova febrium
Terris incubuit cohors,
Semotique prius tarda necessitas
Leti corripuit gradum.
Expertus vacuum Dædalus aera
Pennis non homini datis;
Perrupit Acheronta Herculeus labor.
Nil mortalibus ardui est;
Cœlum ipsum petimus stultitia, neque
Per nostrum patimur scelus
Iracunda Jovem ponere fulmina.

faire trembler celui qui, d'un œil serein, vit les monstres nageant dans les abîmes, la mer s'enflant de colère, et ces rochers Acrocérauniens, fameux par tant de naufrages? C'est en vain qu'un dieu prudent a séparé par un vaste océan les différentes nations de la terre, si des vaisseaux impies franchissent encore cette barrière sacrée. Ardente à tout entreprendre, la race humaine se précipite avec fureur sur tout ce qui lui fut interdit. L'audacieux fils de Japet osa, par un crime funeste, livrer aux hommes le feu du céleste séjour. Après ce vol sacrilége, fait dans la demeure même des dieux, la hideuse maigreur, la fièvre, une légion de maux jusqu'alors inconnus, fondirent sur la terre; et l'inévitable mort, auparavant tardive, précipita ses pas. Dédale s'élança dans le vide des airs, sur des ailes que la nature a refusées à l'homme. L'infatigable Hercule força l'Achéron. Rien ne paraît impossible aux mortels; notre délire s'attaque au ciel même, et nos forfaits ne permettent pas à Jupiter de déposer ses foudres irritées.

---

qui vidit oculis siccis	celui qui a vu avec des yeux secs
monstra natantia,	les monstres nageants,
qui mare turgidum	qui *a vu* la mer gonflée
et Acroceraunia,	et les *monts* Acrocérauniens,
scopulos infames?	roches mal-famées (tristement célèbres)?
Nequicquam deus prudens	En vain un dieu prévoyant
abscidit terras	a séparé les terres
Oceano dissociabili,	par l'Océan qui-*les*-divise,
si tamen rates impiæ	si malgré-cela des vaisseaux impies
transiliunt vada	traversent des mers
non tangenda	*qui* ne *sont* pas à-toucher (aborder).
Audax perpeti omnia	Audacieuse à éprouver (tenter) tout
gens humana	la race humaine [fendu.
ruit per nefas vetitum.	se jette à travers (dans) le sacrilége dé-
Genus audax Iapeti	La race (le fils) audacieux de Japet
intulit ignem gentibus	apporta le feu aux nations
fraude mala.	par un artifice coupable.
Post ignem	Après le feu
subductum domo ætheria,	soustrait de la demeure éthérée,
macies	la maigreur [vres
et cohors nova febrium	et la cohorte nouvelle (inconnue) des fiè-
incubuit terris,	s'abattit sur la terre,
necessitasque prius tarda	et la nécessité auparavant lente
leti semoti	de la mort éloignée (reculée)
corripuit gradum.	hâta *sa* marche.
Dædalus expertus	Dédale éprouva (tenta)
aera vacuum	l'air vide
pennis non datis homini;	avec des ailes non données à l'homme;
labor Herculeus	le travail d'-Hercule
perrupit Acheronta.	força l'Achéron.
Nil ardui	Rien de difficile
est mortalibus;	n'est pour les mortels (à leurs yeux);
stultitia	dans *notre* sottise
petimus cœlum ipsum,	nous cherchons-à-atteindre le ciel même,
neque per nostrum scelus	et par notre méchanceté
patimur	nous ne permettons pas
Jovem	Jupiter
ponere fulmina iracunda.	déposer *ses* foudres irritées.

CARMEN IV.

AD SESTIUM.

Solvitur acris hiems grata vice veris et Favoni,
Trahuntque siccas machinæ [1] carinas.
Ac neque jam stabulis gaudet pecus, aut arator igni;
Nec prata canis albicant pruinis.
Jam Cytherea choros ducit Venus, imminente luna,
Junctæque Nymphis Gratiæ decentes
Alterno terram quatiunt pede, dum graves Cyclopum
Vulcanus ardens urit officinas.
Nunc decet aut viridi nitidum caput impedire myrto,
Aut flore, terræ quem ferunt solutæ.
Nunc et in umbrosis Fauno decet immolare lucis,
Seu poscat agna, sive malit hædo.

ODE IV.

A SESTIUS.

Déjà le rude hiver s'amollit par l'agréable retour du printemps et du Zéphyre. Déjà les machines remettent à flot les navires à sec sur le rivage. L'étable cesse de plaire au troupeau, le foyer au laboureur, et les prairies ne se couvrent plus de leur blanc réseau de frimas. A la clarté de la lune, la reine de Cythère conduit les chœurs de danse, et les Grâces charmantes, se joignant aux Nymphes, frappent la terre en cadence, tandis que l'infatigable Vulcain embrase les forges terribles des Cyclopes.

C'est maintenant qu'il faut ceindre nos têtes parfumées du myrte verdoyant ou des fleurs que la terre amollie fait éclore. C'est maintenant que sous l'ombrage des bois sacrés, il faut immoler à Faune une jeune brebis, ou un chevreau, s'il le préfère. La pâle mort

CARMEN IV.	ODE IV.
AD SESTIUM.	À SESTIUS.
Acris hiems	Le rigoureux hiver
solvitur	se relâche (s'adoucit)
grata vice	par l'agréable retour
veris et Favoni,	du printemps et du Zéphire,
machinæque trahunt	et les machines traînent *à la mer*
carinas siccas.	les carènes à-sec.
Ac jam neque pecus	Et déjà ni le troupeau
gaudet stabulis,	ne se réjouit des étables,
aut arator igni;	ou (ni) le laboureur du feu;
nec prata albicant	ni les prairies ne sont-blanches
canis pruinis.	de blancs frimas.
Jam Venus Cytherea	Déjà Vénus de-Cythère
dûcit choros,	conduit des chœurs,
luna imminente,	la lune étant suspendue-au-dessus (à sa
Gratiæque decentes	et les Grâces belles [clarté),
junctæ Nymphis	unies aux Nymphes
quatiunt terram	frappent la terre
pede alterno,	d'un pied qui-alterne (en cadence),
dum Vulcanus ardens	tandis que Vulcain enflammé
urit	met-en-feu
officinas graves	les ateliers *aux-travaux*-pénibles
Cyclopum.	des Cyclopes.
Nunc decet	Maintenant il convient
impedire caput nitidum	d'enlacer *sa* tête luisante *de parfums*
aut myrto viridi,	ou de myrte vert,
aut flore	ou de la fleur
quem terræ solutæ	que les terres entr'ouvertes
ferunt.	portent (produisent).
Nunc et decet	Maintenant aussi il convient
immolare Fauno	d'immoler à Faune
in lucis umbrosis,	dans les bois-sacrés ombragés, [brebis,
seu poscat agna,	soit qu'il demande qu'*on sacrifie* avec une
sive malit hædo.	soit qu'il préfère avec un chevreau.

Pallida Mors æquo pulsat pede pauperum tabernas,
Regumque turres. O beate Sesti,
Vitæ summa brevis spem nos vetat inchoare[2] longam.
Jam te premet nox, fabulæque Manes[3],
Et domus exilis[4] Plutonia, quo simul mearis,
Non regna vini[5] sortiere talis,
Nec tenerum Lycidan mirabere, quo calet juventus
Nunc omnis et mox virgines tepebunt.

heurte du même pied aux cabanes des pauvres et aux palais des rois. O fortuné Sestius, la courte durée de la vie nous interdit l'illusion des longues espérances. Bientôt la nuit fatale pèsera sur toi ; bientôt tu verras les dieux Mânes, éternel entretien des mortels, et les royaumes vides de Pluton. Une fois descendu dans ce noir séjour, tu ne tireras plus au sort la royauté du festin, tu ne pourras plus contempler ce tendre Lycidas de qui sont épris tous nos jeunes Romains, et pour qui ne tarderont pas à brûler toutes nos jeunes filles.

Pallida mors	La pâle mort
pulsat pede æquo	heurte d'un pied égal (également)
tabernas pauperum,	aux chaumières du pauvre,
turresque regum.	et aux tours (palais) des rois.
O beate Sesti,	O fortuné Sestius,
summa brevis vitæ	la somme (durée) courte de la vie
nos vetat	nous empêche
inchoare longam spem.	de commencer (concevoir) un long espoir.
Jam nox	Bientôt la nuit
premet te,	pèsera-sur toi,
Manesque fabulæ,	et les Mânes fables (sujets de tant de récits)
et domus exilis Plutonia,	et la demeure vide de-Pluton,
quo simul mearis,	où lorsque tu seras allé,
non sortiere talis	tu ne tireras-pas-au-sort avec les dés
regna vini,	la royauté du vin,
nec mirabere	et tu n'admireras pas
tenerum Lycidan,	le tendre Lycidas,
quo omnis juventus	par qui (pour qui) toute la jeunesse
calet nunc,	est-en-feu maintenant,
et virgines	et *pour qui* les jeunes filles
tepebunt mox.	seront-échauffées (éprises) bientôt.

CARMEN V.

AD PYRRHAM.

Quis multa gracilis[1] te puer in rosa
Perfusus liquidis urget odoribus,
Grato, Pyrrha, sub antro?
Cui flavam religas comam,
Simplex munditiis? Heu, quoties fidem
Mutatosque deos flebit, et aspera
Nigris æquora ventis
Emirabitur[2] insolens,
Qui nunc te fruitur credulus aurea;
Qui semper vacuam, semper amabilem
Sperat nescius auræ
Fallacis. Miseri quibus
Intentata nites! Me tabula sacer[3]
Votiva paries indicat uvida
Suspendisse potenti
Vestimenta maris deo.

ODE V.

A PYRRHA.

Dis-nous, Pyrrha, quel tendre adolescent, tout baigné de liquides parfums, te presse étroitement sur un lit semé de roses, à l'ombre d'un antre charmant? Pour qui, dans tes simples atours, rattaches-tu les blondes tresses de tes cheveux? Hélas! que de fois il pleurera ta foi perdue, ses dieux changés! Peu fait encore à ces mers où il court, un jour il les verra avec stupeur troublées par d'affreuses tempêtes, lui qui maintenant, crédule et ignorant les vents trompeurs, te possède tendre, fidèle, et t'espère toujours aimante et libre d'un autre amour. O malheur à ceux qu'éblouit ta beauté, et qui ne savent pas combien elle est décevante! Les murs sacrés du temple signalent mon naufrage : j'y ai voué au dieu des mers mes humides vêtements.

CARMEN V.

AD PYRRHAM.

Quis puer
gracilis,
perfusus
in rosa multa
odoribus liquidis,
urget te, Pyrrha,
sub antro grato?
Cui religas
flavam comam
simplex munditiis?
Heu, quoties flebit
fidem
deosque mutatos,
et insolens
emirabitur æquora
aspera ventis nigris,
qui credulus
fruitur nunc
te aurea;
qui sperat
semper
vacuam,
semper amabilem,
nescius
auræ fallacis!
Miseri
quibus nites
intentata!
Paries sacer
indicat tabula votiva
me suspendisse
deo potenti maris
vestimenta uvida.

ODE V.

A PYRRHA.

Quel jeune-garçon
à-la-taille-mince,
baigné
avec une rose abondante
d'odeurs (parfums) coulants,
presse toi, Pyrrha,
sous une grotte agréable?
Pour qui rattaches-tu
ta blonde chevelure
simple dans *tes* parures?
Hélas! que de fois il pleurera
ta foi *perdue*
et les dieux changés,
et non-accoutumé (pour la première fois)
verra-avec-étonnement les mers
orageuses par les vents noirs,
lui qui crédule
jouit maintenant
de toi d'-or (honnête, fidèle);
lui qui espère
toi devoir être toujours
vide (libre) *d'un autre amour*,
toujours aimante,
ne-connaissant-pas
le vent trompeur!
Infortunés
ceux pour qui (aux yeux de qui) tu brilles
n'ayant-pas-été-éprouvée!
La paroi sacrée *du temple*
indique par un tableau votif
moi avoir suspendu
au dieu maître de la mer
mes vêtements humides.

CARMEN VI.

AD AGRIPPAM.

Scriberis Vario[1] fortis et hostium
Victor, Mæonii carminis[2] alite,
Quam rem cumque ferox, navibus aut equis,
Miles te duce gesserit.
Nos, Agrippa, neque hæc dicere, nec gravem
Pelidæ stomachum cedere nescii,
Nec cursus duplicis per mare Ulyxei,
Nec sævam Pelopis domum
Conamur tenues grandia, dum pudor
Imbellisque lyræ Musa potens vetat
Laudes egregii Cæsaris et tuas
Culpa deterere ingeni.

ODE VI.

A AGRIPPA.

Varius, l'aigle de la poésie héroïque, célèbrera ton courage et tes victoires, et redira les brillants exploits qu'ont faits sous ton commandement nos flottes et nos escadrons. Pour moi, Agrippa, je n'oserais pas plus chanter tes triomphes que la funeste colère de l'inflexible fils de Pélée, les courses de l'artificieux Ulysse sur les mers, les Pélopides et leurs fureurs. Ces grands sujets effrayent ma faiblesse. Une juste défiance, et la Muse qui règle les timides accents de ma lyre, me défendent de ternir par la faiblesse de mes chants la gloire du grand César et la tienne. Et qui pourrait digne-

CARMEN VI.	ODE VI.
AD AGRIPPAM.	A AGRIPPA.
Scriberis	Tu seras écrit (célébré)
fortis et victor hostium	courageux et vainqueur des ennemis
Vario,	par Varius,
alite carminis Mæonii,	l'oiseau (l'aigle) du chant Méonien,
quamcumque rem	pour toute action que
miles ferox	le soldat intrépide
gesserit navibus	a faite sur les vaisseaux (sur mer)
aut equis,	ou sur les chevaux (sur terre),
te duce.	toi *étant son* chef.
Nos, Agrippa,	Nous, Agrippa,
conamur dicere	nous n'essayons de redire
neque hæc,	ni ces *exploits*,
nec stomachum gravem	ni la colère terrible
Pelidæ	du fils-de-Pélée
nescii cedere,	qui-ne-savait-pas céder,
nec cursus per mare	ni les courses à travers la mer
duplicis Ulyxei,	du double (trompeur) Ulysse,
nec domum sævam	ni la maison cruelle (criminelle)
Pelopis,	de Pélops,
tenues	faibles *nous n'essayons pas*
grandia,	*de traiter* des *sujets* grandioses,
dum pudor	tandis que le respect
Musaque	et *ma* Muse
potens lyræ	assez-puissante-pour une lyre
imbellis,	qui-craint-les-combats,
vetat deterere	*m'*interdisent d'affaiblir
culpa ingeni	par la faute (faiblesse) de *mon* génie
laudes egregii Cæsaris	les louanges de l'illustre César
et tuas.	et les tiennes.

Quis Martem tunica tectum adamantina
Digne scripserit? aut pulvere Troico
Nigrum Merionen? aut ope Palladis
Tydiden Superis parem?
Nos convivia, nos prælia virginum
Sectis in juvenes unguibus acrium
Cantamus, vacui, sive quid urimur
Non præter solitum leves.

ment peindre le dieu Mars couvert d'une cuirasse d'acier, Mérion tout noirci de la poussière Troyenne, ou le fils de Tydée que le secours de Pallas rend égal aux dieux? Non, et, soit que mon cœur soit libre d'amour, soit que, ce qui n'est pas rare, ma volage humeur l'ait soumis à une nouvelle flamme, je chanterai les festins, et ces luttes charmantes où l'ongle court de nos jeunes filles les défend mal contre les mains entreprenantes de nos garçons.

Quis scripserit digne	Qui aura peint (pourra peindre) digne-
Martem tectum	Mars couvert [ment
tunica adamantina?	d'une tunique d'-acier?
aut Merionem	ou Mérion
nigrum pulvere Troico?	noir de la poussière de-Troie?
aut Tydiden	ou le fils-de-Tydée
parem superis	égal aux *dieux* d'en-haut
ope Palladis?	par le secours de Pallas?
Nos cantamus convivia,	Nous, nous chantons les festins,
nos prælia virginum	nous *chantons* les combats des jeunes filles
acrium in juvenes	emportées contre les jeunes-gens
unguibus sectis,	avec des ongles coupés,
vacui,	*soit* vide (libre) *d'amour*,
sive leves	soit que léger (inconstant)
urimur	nous brûlions
quid	en quelque chose (de quelque passion)
non præter solitum.	non au delà de (selon) *notre* habitude.

CARMEN VII.

AD MUNATIUM PLANCUM.

Laudabunt alii claram Rhodon, aut Mitylenen,
Aut Ephesum, bimarisve Corinthi
Mœnia, vel Baccho Thebas, vel Apolline Delphos
Insignes, aut Thessala Tempe.
Sunt, quibus unum opus est intactæ Palladis urbem
Carmine perpetuo celebrare, et
Undique decerptam fronti præponere olivam.
Plurimus in Junonis honorem
Aptum dicet equis Argos ditesque Mycenas.
Me nec tam patiens Lacedæmon,
Nec tam Larissæ percussit campus opimæ,
Quam domus Albuneæ resonantis
Et præceps Anio, ac Tiburni lucus, et uda
Mobilibus pomaria rivis.

ODE VII.

A MUNATIUS PLANCUS.

Que d'autres vantent la célèbre Rhodes, ou Mitylène, ou Éphèse, ou Corinthe assise entre deux mers, ou Thèbes, patrie de Bacchus, ou Delphes, séjour d'Apollon, ou les délicieuses vallées de la Thessalie. Que d'autres aient pour unique objet de célébrer dans un hymne éternel la ville de la chaste Pallas, et de parer leur front de la banale couronne d'olivier ; que d'autres, pour honorer Junon, chantent Argos et ses coursiers, Mycène et son opulence. Pour moi, ce qui me charme bien plus que l'austère Lacédémone, que les fertiles campagnes de Larisse, c'est la grotte où retentit l'Albunée, c'est l'Anio qui se précipite en cascades, et le bois sacré de Tibur, et ses vergers où de rapides ruisseaux portent la fraîcheur.

CARMEN VII.

AD MUNATIUM PLANCUM.

Alii laudabunt
claram Rhodon,
aut Mitylenen,
aut Ephesum,
mœniave Corinthi
bimaris,
vel Thebas
insignes Baccho,
vel Delphos
Apolline,
aut Tempe Thessala.
Sunt,
quibus est unum opus,
celebrare carmine perpetuo
urbem Palladis
intactæ,
et præponere fronti
olivam
decerptam undique.
Plurimus
dicet
in honorem Junonis
Argos aptum equis
ditesque Mycenas.
Nec Lacedæmon
patiens
percussit me tam,
nec campus
opimæ Larissæ
tam,
quam domus
Albuneæ resonantis,
et Anio præceps,
ac lucus Tiburni,
et pomaria uda
mobilibus rivis.

ODE VII.

A MUNATIUS PLANCUS.

D'autres loueront
l'illustre Rhodes,
ou Mitylène,
ou Éphèse,
ou les murs de Corinthe
aux-deux-mers,
ou Thèbes
fameuse par Bacchus,
ou Delphes
fameuse par Apollon,
ou Tempé en-Thessalie.
Il est *des hommes*,
à qui est un unique travail,
de célébrer dans un chant éternel
la ville de Pallas
non-touchée (intacte, chaste),
et de placer-devant (sur) *leur* front
l'olivier
cueilli de toutes parts (banal).
Un *poëte* nombreux (de nombreux poëtes)
dira (chanteront)
en l'honneur de Junon
Argos convenable aux chevaux
et la riche Mycènes.
Mais ni Lacédémone
endurcie-aux-travaux
n'a touché moi autant,
ni la campagne
de la féconde Larisse
n'a touché moi autant,
que la demeure (la grotte)
de l'Albunée retentissant,
et l'Anio qui-se-précipite *en cascades*,
et le bois-sacré de Tibur,
et *ses* vergers humides
de mobiles ruisseaux.

Albus ut obscuro deterget nubila cœlo
    Sæpe Notus, neque parturit imbres
Perpetuos, sic tu sapiens finire memento
    Tristitiam vitæque labores
Molli, Plance[1], mero : seu te fulgentia signis
    Castra tenent, seu densa tenebit
Tiburis umbra tui. Teucer[2] Salamina patremque
    Quum fugeret, tamen uda Lyæo
Tempora populea fertur vinxisse corona,
    Sic tristes affatus amicos :
« Quo nos cumque feret melior fortuna parente,
    Ibimus, o socii comitesque.
Nil desperandum Teucro duce et auspice Teucro ;
    Certus enim promisit Apollo,
Ambiguam[3] tellure nova Salamina futuram.
    O fortes pejoraque passi
Mecum sæpe viri, nunc vino pellite curas ;
    Cras ingens iterabimus æquor. »

Souvent le Notus, d'un souffle plus pur, chasse les nuages qui obscurcissent l'azur du ciel ; il n'enfante pas toujours des orages : ainsi, Plancus, que ta sagesse mette un terme à tes regrets ; adoucis par le vin les amertumes de la vie, soit que nos brillants étendards te retiennent dans les camps, soit que l'épais ombrage de ton riant Tibur te captive. Teucer fuyait Salamine et son père, et cependant on dit qu'il ceignit d'une couronne de peuplier son front humide du jus de Bacchus, et consola ainsi ses amis affligés : « En quelque lieu que nous conduise la fortune, moins cruelle sans doute que mon père, nous la suivrons, ô mes amis, fidèles compagnons de mon exil Vous avez Teucer pour guide : ne désespérez de rien sous les auspices de Teucer. Apollon, oracle infaillible, Apollon m'a promis sur une terre nouvelle une autre Salamine. Intrépides guerriers, qui souvent avec moi avez souffert de plus rudes épreuves, noyez aujourd'hui vos soucis dans le vin ; demain nous recommencerons nos courses sur les vastes mers. »

Ut sæpe	De même que souvent
albus Notus	le blanc Notus
deterget nubila	balaye les nuages
cœlo obscuro,	du ciel obscur,
neque parturit	et n'enfante pas
imbres perpetuos,	des orages éternels,
sic tu, Plance,	ainsi toi, Planous,
sapiens,	*si tu es* sage,
memento	souviens-toi
finire tristitiam	de mettre-fin à la tristesse
laboresque vitæ	et aux travaux de la vie
mero molli :	avec un vin doux (agréable) :
seu castra	soit qu'un camp
fulgentia signis	éclatant de drapeaux
te tenent,	te retienne,
seu umbra densa	soit que l'ombre épaisse
tui Tiburis	de ton Tibur
tenebit.	*te* retienne.
Quum Teucer fugeret	Tandis que Teucer fuyait
Salamina patremque,	Salamine et *son* père,
fertur tamen	il est rapporté cependant
vinxisse corona populea	avoir ceint d'une couronne de-peuplier
tempora uda Lyæo,	*ses* tempes humides de Bacchus (de vin),
affatus sic	ayant parlé ainsi
amicos tristes :	à *ses* amis affligés :
« Ibimus,	« Nous irons,
o socii comitesque,	ô *mes* amis et *mes* compagnons,
quocumque feret fortuna	partout où *nous* portera la fortune
melior parente.	meilleure (moins cruelle) que *mon* père.
Nil	Rien
desperandum,	n'*est* à-regarder-comme-désespéré,
Teucro duce	Teucer *étant votre* chef
et Teucro auspice ;	et Teucer *étant votre* guide ;
Apollo enim certus	car Apollon certain (qui ne trompe pas)
promisit	a promis
ambiguam Salamina	une double (nouvelle) Salamine
futuram	devoir être
tellure nova.	sur une terre nouvelle.
O viri fortes,	O guerriers courageux,
passique sæpe mecum	et qui avez souffert souvent avec moi
pejora,	des *destins* pires,
nunc pellite curas vino ;	maintenant chassez *vos* soucis avec le vin ;
cras iterabimus	demain nous recommencerons (repren-
ingens æquor. »	la vaste plaine *liquide.* » [drons)

CARMEN VIII.

AD LYDIAM.

Lydia, dic, per omnes
Te deos oro, Sybarin cur properes amando
Perdere? cur apricum
Oderit Campum, patiens pulveris atque solis?
Cur neque militaris
Inter æquales equitat, Gallica nec lupatis
Temperat ora frenis[1]?
Cur timet flavum Tiberim tangere? cur olivum[2]
Sanguine viperino
Cautius vitat, neque jam livida gestat armis
Brachia, sæpe disco,
Sæpe trans finem jaculo nobilis expedito?
Quid latet, ut marinæ
Filium dicunt Thetidis[3] sub lacrimosa Trojæ
Funera, ne virilis
Cultus in cædem et Lycias proriperet catervas?

ODE VIII.

A LYDIE.

Dis-moi, Lydie, je t'en conjure au nom de tous les dieux, pourquoi, par ton amour, t'empresser ainsi de perdre Sybaris? D'où lui vient cette aversion pour le Champ de Mars dont il bravait le soleil et la poussière? Pourquoi ne le voit-on plus, en habit de guerre, se mêler aux jeunes gens de son âge, et soumettre au mors dentelé la bouche d'un coursier Gaulois? Pourquoi craint-il de se plonger dans l'eau jaunissante du Tibre, et se garde-t-il de l'huile des athlètes avec autant de soin que du sang de la vipère? Pourquoi n'a-t-il plus sur ses bras la livide empreinte de ses armes, lui qui se signala tant de fois en lançant au delà du but le disque et le javelot? Pourquoi se cache-t-il comme se cacha, dit-on, le fils de Thétis aux approches des lamentables funérailles de Troie, de peur qu'un vêtement viril ne l'entraînât au milieu du carnage et des bataillons Lyciens?

Ut sæpe
albus Notus
deterget nubila
cœlo obscuro,
neque parturit
imbres perpetuos,
sic tu, Plance,
sapiens,
memento
finire tristitiam
laboresque vitæ
mero molli :
seu castra
fulgentia signis
te tenent,
seu umbra densa
tui Tiburis
tenebit.
Quum Teucer fugeret
Salamina patremque,
fertur tamen
vinxisse corona populea
tempora uda Lyæo,
affatus sic
amicos tristes :
« Ibimus,
o socii comitesque,
quocumque feret fortuna
melior parente.
Nil
desperandum,
Teucro duce
et Teucro auspice ;
Apollo enim certus
promisit
ambiguam Salamina
futuram
tellure nova.
O viri fortes,
passique sæpe mecum
pejora,
nunc pellite curas vino ;
cras iterabimus
ingens æquor. »

De même que souvent
le blanc Notus
balaye les nuages
du ciel obscur,
et n'enfante pas
des orages éternels,
ainsi toi, Planeus,
si tu es sage,
souviens-toi
de mettre-fin à la tristesse
et aux travaux de la vie
avec un vin doux (agréable) :
soit qu'un camp
éclatant de drapeaux
te retienne,
soit que l'ombre épaisse
de ton Tibur
te retienne.
Tandis que Teucer fuyait
Salamine et *son* père,
il est rapporté cependant
avoir ceint d'une couronne de-peuplier
ses tempes humides de Bacchus (de vin),
ayant parlé ainsi
à *ses* amis affligés :
« Nous irons,
ô *mes* amis et *mes* compagnons,
partout où *nous* portera la fortune
meilleure (moins cruelle) que *mon* père.
Rien
n'*est* à-regarder-comme-désespéré,
Teucer *étant votre* chef
et Teucer *étant votre* guide ;
car Apollon certain (qui ne trompe pas)
a promis
une double (nouvelle) Salamine
devoir être
sur une terre nouvelle.
O guerriers courageux,
et qui avez souffert souvent avec moi
des *destins* pires,
maintenant chassez *vos* soucis avec le vin ;
demain nous recommencerons (repren-
la vaste plaine *liquide*. » [drons)

CARMEN VIII.

AD LYDIAM.

Lydia, dic, per omnes
Te deos oro, Sybarin cur properes amando
Perdere? cur apricum
Oderit Campum, patiens pulveris atque solis?
Cur neque militaris
Inter æquales equitat, Gallica nec lupatis
Temperat ora frenis[1]?
Cur timet flavum Tiberim tangere? cur olivum[2]
Sanguine viperino
Cautius vitat, neque jam livida gestat armis
Brachia, sæpe disco,
Sæpe trans finem jaculo nobilis expedito?
Quid latet, ut marinæ
Filium dicunt Thetidis[3] sub lacrimosa Trojæ
Funera, ne virilis
Cultus in cædem et Lycias proriperet catervas?

ODE VIII.

A LYDIE.

Dis-moi, Lydie, je t'en conjure au nom de tous les dieux, pourquoi, par ton amour, t'empresser ainsi de perdre Sybaris? D'où lui vient cette aversion pour le Champ de Mars dont il bravait le soleil et la poussière? Pourquoi ne le voit-on plus, en habit de guerre, se mêler aux jeunes gens de son âge, et soumettre au mors dentelé la bouche d'un coursier Gaulois? Pourquoi craint-il de se plonger dans l'eau jaunissante du Tibre, et se garde-t-il de l'huile des athlètes avec autant de soin que du sang de la vipère? Pourquoi n'a-t-il plus sur ses bras la livide empreinte de ses armes, lui qui se signala tant de fois en lançant au delà du but le disque et le javelot? Pourquoi se cache-t-il comme se cacha, dit-on, le fils de Thétis aux approches des lamentables funérailles de Troie, de peur qu'un vêtement viril ne l'entraînât au milieu du carnage et des bataillons Lyciens?

CARMEN VIII.

AD LYDIAM.

Dic, Lydia,
te oro per omnes deos,
cur properes
perdere Sybarin
amando ?
cur oderit
Campum apricum,
patiens pulveris
atque solis ?
Cur neque equitat
inter æquales
militaris,
nec temperat
ora Gallica
frenis lupatis ?
Cur timet
tangere Tiberim flavum ?
cur vitat olivum
cautius
sanguine viperino,
neque gestat jam
brachia livida armis,
nobilis sæpe disco,
sæpe jaculo
expedito trans finem ?
Quid latet,
ut dicunt
filium Thetidis
marinæ
sub funera lacrimosa
Trojæ,
ne cultus virilis
proriperet in cædem
et catervas Lycias ?

ODE VIII.

A LYDIE.

Dis, Lydie,
je t'en prie par tous les dieux,
pourquoi tu t'empresses
de perdre Sybaris
par le aimer *toi* (l'amour qu'il a pour toi) ?
pourquoi il hait
le Champ *de Mars* exposé-au-soleil,
lui qui endurait la poussière
et le soleil ?
Pourquoi et ne chevauche-t-il pas
au milieu de ceux de-son-âge
en-guerrier,
et ne modère-t-il pas
les bouches *des chevaux* de-Gaule
avec des mors rudes ?
Pourquoi craint-il
de toucher (se baigner dans) le Tibre [jaune ?
pourquoi évite-t-il l'huile *des athlètes*
avec-plus-de-précaution
que le sang de-la-vipère,
et *pourquoi* ne porte-t-il plus
des bras noirâtres (meurtris) par les armes,
lui illustré souvent par le disque,
souvent par le javelot
dégagé (lancé) au delà du but ?
Pourquoi se cache-t-il,
comme on dit *que s'est caché*
le fils de Thétis
déesse de-la-mer
à l'approche des funérailles déplorables
de Troie,
de peur qu'un habit d'-homme
ne *l'*entraînât au milieu du carnage
et des escadrons Lyciens ?

CARMEN IX.

AD THALIARCHUM.

Vides, ut alta stet nive candidum
Soracte[1], nec jam sustineant onus
Silvæ laborantes, geluque
Flumina constiterint acuto.
Dissolve frigus, ligna super foco
Large reponens, atque benignius
Deprome quadrimum Sabina,
O Thaliarche[2], merum diota[3].
Permitte divis cetera; qui simul
Stravere ventos æquore fervido
Depræliantes, nec cupressi
Nec veteres agitantur orni.
Quid sit futurum cras, fuge quærere, et
Quem fors dierum cumque dabit, lucro
Appone, nec dulces amores
Sperne puer neque tu choreas,

ODE IX.

A THALIARQUE.

Vois comme le Soracte élève son front blanchi par une neige épaisse; déjà les forêts s'affaissent sous le poids qui les accable, et la gelée pénétrante enchaîne le cours des fleuves. Désarme l'hiver, Thaliarque, en entassant le bois à ton foyer, et fais couler plus largement de l'urne Sabine ton excellent vin de quatre ans. Laisse aux dieux le soin du reste. Terrassés à leur voix, les vents qui luttaient contre la mer en courroux cessent d'agiter les cyprès et les ormes antiques. Garde-toi de chercher ce qui peut advenir demain, et compte pour un bienfait chacun des jours que le destin

CARMEN IX.

AD THALIARCUM.

Vides,
ut Soracte stet
candidum nive alta,
nec silvæ laborantes
sustineant jam onus,
fluminaque constiterint
gelu acuto.
Dissolve frigus,
reponens large ligna
super foco,
atque deprome benignius
merum quadrimum
diota Sabina,
o Thaliarche.
Permitte cetera divis;
qui simul
stravere ventos
depræliantes
æquore fervido,
nec cupressi
nec veteres orni
agitantur.
Fuge quærere
quid sit futurum
cras,
et appone lucro
quemcumque dierum
fors dabit,
nec tu sperne
puer
dulces amores,
neque choreas,

ODE IX.

A THALIARQUE.

Tu vois,
comme le Soracte se dresse
blanc d'une neige haute (épaisse),
et *comme* les forêts fatiguées
ne soutiennent déjà plus *leur* fardeau,
et *comme* les fleuves se sont arrêtés
par une gelée pénétrante.
Dissipe le froid,
en plaçant abondamment du bois
sur le foyer,
et tire plus libéralement
le vin de-quatre-ans
du vase-à-deux-anses Sabin,
ô Thaliarque.
Abandonne le reste aux dieux;
lesquels en même temps (car aussitôt) que
ils ont abattu les vents
se-livrant-des-combats
sur la plaine *liquide* bouillonnante,
ni les cyprès
ni les vieux ormes
ne sont agités.
Fuis (évite) de chercher
quoi est devant être (ce qui arrivera)
demain, [profit)
et ajoute au profit (compte comme un
tout *jour* d'entre les jours
que la fortune *te* donnera,
et toi ne méprise pas
tandis que tu es jeune-homme (jeune)
les doux amours,
ni les danses,

Donec virenti canities abest
Morosa. Nunc et Campus, et areæ,
Lenesque sub noctem susurri
Composita repetantur hora [4];
Nunc et latentis proditor intimo
Gratus puellæ risus ab angulo,
Pignusque dereptum lacertis
Aut digito male pertinaci.

t'accorde. Jeune encore, et tant que la chagrine vieillesse ne blanchit point tes cheveux, ne dédaigne ni les amours ni les danses. Va tour à tour au Champ de Mars, aux promenades, à ces rendez-vous où l'on murmure de si doux entretiens, et où parfois des ris joyeux trahissent, dans sa cachette, une jeune fille qui défendra mollement, contre tes entreprises, ou son anneau ou son bracelet.

---

donec canities	tandis que la chevelure-blanche (la vieil
morosa	morose [lesse)
abest virenti.	est-absente à *toi* verdoyant (vigoureux).
Nunc et Campus,	Maintenant que et le Champ *de Mars*
et areæ,	et les places *de promenade*, [basse)
lenesque susurri	et les doux murmures (entretiens à voix
sub noctem	à l'approche de la nuit (le soir)
hora composita	à une heure convenue
repetantur;	soient recherchés *par toi*;
nunc et risus gratus	maintenant et que le rire agréable
proditor	traître (qui trahit)
ab intimo angulo	du fond de *son* coin
puellæ latentis,	de la jeune-fille qui se cache
pignusque	*soit recherché par toi*, et le gage
dereptum lacertis	ravi à *ses* bras
aut digito	ou à *son* doigt
pertinaci male.	qui-résiste mal (mollement).

CARMEN X.

AD MERCURIUM.

Mercuri, facunde nepos Atlantis[1],
Qui feros cultus hominum recentum
Voce formasti catus et decoræ
    More palæstræ[2],
Te canam, magni Jovis et deorum
Nuntium, curvæque lyræ parentem,
Callidum, quidquid placuit, jocoso
    Condere furto[3].
Te, boves olim nisi reddidisses
Per dolum amotas, puerum minaci
Voce dum terret, viduus pharetra
    Risit Apollo.
Quin et Atridas, duce te, superbos
Ilio dives[4] Priamus relicto,
Thessalosque[5] ignes, et iniqua Trojæ
    Castra fefellit.
Tu pias lætis animas reponis
Sedibus, virgaque levem coerces
Aurea turbam, superis deorum
    Gratus et imis.

ODE X.

A MERCURE.

Toi qui sus polir par la puissance de la parole et par les nobles exercices de la palestre les mœurs sauvages des premiers hommes, c'est toi que je chanterai, éloquent Mercure, petit-fils d'Atlas, messager du grand Jupiter et des immortels, inventeur de la lyre aux bras recourbés, dieu qui excelles à dérober tout ce qui plaît à tes joyeux larcins. Un jour que, dans ton enfance, tu avais adroitement enlevé des génisses à Apollon, ce dieu te les redemandait d'une voix menaçante ; mais bientôt dépouillé de son carquois, il ne put s'empêcher de rire. Guidé par toi, Priam sort d'Ilion avec ses trésors, trompe la vigilance des fiers Atrides, et traverse les camps ennemis, malgré les feux des gardes Thessaliennes. C'est toi qui conduis les âmes pieuses dans les demeures fortunées, et qui gouvernes, avec ta verge d'or, la troupe légère des ombres, méritant ainsi la reconnaissance des dieux de l'Olympe et de ceux des enfers.

CARMEN X.	ODE X.
AD MERCURIUM.	**A MERCURE.**
Mercuri,	Mercure,
facunde nepos Atlantis,	éloquent petit-fils d'Atlas,
qui catus	*toi* qui ingénieux
formasti voce	façonnas à l'aide de la parole
et more	et de la pratique
palæstræ decoræ	de la lutte qui-rend-beau
cultus feros	les mœurs sauvages
hominum recentum,	des hommes récents (des premiers hommes),
te canam,	je te chanterai,
nuntium magni Jovis	*toi* le messager du grand Jupiter
et deorum,	et des dieux,
parentemque lyræ curvæ,	et le père de la lyre courbe,
callidum	habile
condere	à cacher (dérober)
furto jocoso	par un larcin joyeux
quidquid placuit.	tout ce qu'il *t'*a plu (te plaît) *de dérober*.
Apollo olim,	Apollon autrefois,
dum terret	tandis qu'il effraye (effrayait)
voce minaci	d'une voix menaçante
te puerum,	toi *encore* enfant,
nisi reddidisses boves	si tu ne *lui* rendais *ses* génisses
amotas per dolum,	détournées (dérobées) par ruse,
viduus pharetra,	vide (dépouillé) de *son* carquois,
risit.	rit (ne put s'empêcher de rire).
Quin et, te duce,	Bien plus encore, toi *étant* guide,
dives Priamus,	l'opulent Priam,
Ilio relicto,	Ilion étant abandonné,
fefellit Atridas superbos,	trompa les Atrides superbes,
ignesque Thessalos,	et les feux Thessaliens,
et castra	et le camp
iniqua Trojæ.	hostile à Troie.
Tu reponis	*C'est* toi *qui* déposes
sedibus lætis	dans les demeures riantes
animas pias,	les âmes pieuses,
coercesque virga aurea	et qui rassembles avec *ta* baguette d'-or
turbam levem,	la troupe légère *des ombres*,
gratus	agréable (chéri)
superis deorum	à ceux d'en-haut d'entre les dieux
et imis.	et à ceux d'en-bas.

CARMEN XI.

AD LEUCONOEN.

Tu ne quæsieris, scire nefas, quem mihi, quem tibi
Finem di dederint, Leuconoe, nec Babylonios[1]
Tentaris numeros. Ut melius, quidquid erit, pati!
Seu plures hiemes, seu tribuit Jupiter ultimam,
Quæ nunc oppositis debilitat[2] pumicibus mare
Tyrrhenum, sapias, vina liques, et spatio brevi
Spem longam reseces. Dum loquimur, fugerit invida
Ætas. Carpe diem, quam minimum credula postero.

ODE XI.

A LEUCONOÉ.

Leuconoé, ne cherche point à connaître, malgré les dieux, quel terme ils ont fixé à mes jours, aux tiens, et n'interroge pas les calculs Babyloniens. Oh! qu'il vaut bien mieux se soumettre à tout ce qui peut arriver! Soit que Jupiter nous accorde encore plusieurs hivers, soit qu'il ait marqué pour le dernier de notre vie celui qui maintenant brise la mer Tyrrhénienne contre le môle qui la resserre, docile aux conseils de la sagesse, filtre tes vins, et mesure tes espérances à la courte durée de la vie. Tandis que nous parlons, le temps jaloux s'enfuit. Jouissons d'aujourd'hui, sans croire beaucoup à demain.

CARMEN XI.

AD LEUCONOEN.

Tu ne quæsieris,
nefas
scire,
quem finem di
dederint mihi,
quem tibi,
Leuconoe,
nec tentaris
numeros Babylonios.
Ut melius
pati
quidquid erit!
Seu Jupiter
tribuit plures hiemes,
seu ultimam,
quæ nunc
debilitat mare Tyrrhenum
pumicibus oppositis,
sapias,
liques vina,
et resecces
brevi spatio
longam spem.
Dum loquimur,
ætas invida fugerit.
Carpe diem,
credula quam minimum
postero.

ODE XI.

A LEUCONOÉ.

Ne cherche pas,
il est défendu-par-les lois-divines
de *le* savoir,
quel terme les dieux
ont donné (assigné) à moi,
quel *ils ont assigné* à toi,
Leuconoé,
et n'essaye pas
les nombres (calculs) Babyloniens.
Combien *il est* préférable
de supporter
tout ce qui sera (quoi qu'il arrive)!
Soit que Jupiter
nous accorde plusieurs hivers,
soit qu'*il nous accorde pour* le dernier,
celui qui maintenant
affaiblit (brise) la mer Tyrrhénienne
contre les rochers opposés *aux flots*,
sois-sage,
passe *tes* vins,
et retranche
du court espace *de ta vie*
le long espoir.
Tandis que nous parlons,
le temps jaloux aura fui.
Cueille le jour présent (jouis-en),
croyant le moins possible
à celui du-lendemain.

CARMEN XII.

AD AUGUSTUM.

Quem virum aut heroa lyra vel acri
Tibia[1] sumes celebrare, Clio?
Quem deum, cujus recinet jocosa
Nomen imago
Aut in umbrosis Heliconis oris,
Aut super Pindo, gelidove in Hæmo?
Unde vocalem temere insecutæ
Orphea silvæ,
Arte materna[2] rapidos morantem
Fluminum lapsus celeresque ventos,
Blandum et auritas fidibus canoris[3]
Ducere[4] quercus.
Quid prius dicam solitis parentis
Laudibus, qui res hominum ac deorum,
Qui mare et terras, variisque mundum
Temperat horis?
Unde nil majus generatur ipso,
Nec viget quidquam simile aut secundum:
Proximos illi tamen occupavit
Pallas honores.
Præliis audax neque te silebo,

ODE XII.

A AUGUSTE.

Quel mortel, quel héros ou quel dieu choisiras-tu, Clio, pour le chanter sur ta lyre ou sur ta flûte sonore? Quel nom l'écho, dans ses jeux, va-t-il répéter sur les bords ombragés de l'Hélicon, ou sur le Pinde, ou sur les froids sommets de l'Hémus, dont les forêts suivaient l'harmonieux Orphée, quand, instruit par les leçons de sa mère, il arrêtait les fleuves rapides, les vents impétueux, et que par le charme de sa voix, il entraînait les chênes devenus sensibles à ses accents? Mais que pourrais-je chanter avant d'avoir payé le tribut accoutumé de nos hommages au père de toutes choses, au roi des hommes et des dieux, au maître absolu de la terre et des mers, qui par l'ordre varié des saisons, règle le cours du monde? Il n'a rien créé de plus grand que lui-même, et il n'existe rien dans la nature qui lui ressemble ou qui l'approche; cependant, après lui, Pallas occupe le premier rang. Je ne te passerai pas sous silence, dieu in

CARMEN XII. — ODE XII.

AD AUGUSTUM. — A AUGUSTE.

Quem virum aut heroa,	Quel homme ou quel héros,
Clio, sumes	Clio, prendras-tu (choisiras-tu)
celebrare lyra	à célébrer avec la lyre
vil tibia acri,	ou avec la flûte perçante (sonore),
quem deum,	quel dieu,
cujus	duquel (homme, héros ou dieu)
imago jocosa	l'écho qui-se-joue
recinet nomen,	répètera-en-chantant le nom,
aut in oris umbrosis	ou sur les bords ombragés
Heliconis,	de l'Hélicon,
aut super Pindo,	ou sur le Pinde,
in Hæmove gelido?	ou sur l'Hémus froid?
unde silvæ	*sur le Pinde ou l'Hémus*, d'où les arbres
insecutæ temere	suivirent confusément
Orphea vocalem,	Orphée à-la-belle-voix,
morantem	qui retardait
arte materna	par l'art de-sa-mère
lapsus rapidos fluminum	le cours rapide des fleuves
ventosque celeres,	et les vents prompts,
blandum	doux *par son chant*
et ducere	*au point d'*entraîner même
fidibus canoris	avec *sa* lyre sonore
quercus auritas.	les chênes qui-entendaient (devenus sensibles).
Quid dicam	Que dirai-je
prius laudibus solitis	avant les louanges accoutumées
parentis,	du père *des dieux*,
qui temperat	qui règle
res hominum ac deorum,	les affaires des hommes et des dieux,
qui mare et terras,	qui *gouverne* la mer et les terres,
mundumque	ot l'univers
horis variis?	avec des saisons variées?
Unde	D'où (de qui)
nil generatur	rien n'est engendré
majus ipso,	plus grand que lui-même,
nec quidquam simile	et rien de semblable *à lui*
aut secundum	ou ayant-la-seconde-place
viget :	n'existe :
Pallas tamen	Pallas cependant
occupavit honores	a occupé (occupe) les honneurs
proximos illi.	les plus proches de lui.
Neque te silebo,	Et je ne te tairai pas,

Liber, et sævis inimica virgo
Belluis ; nec te, metuende certa
Phœbe sagitta.
Dicam et Alciden, puerosque Ledæ,
Hunc equis, illum superare pugnis
Nobilem ; quorum simul alba nautis
Stella refulsit,
Defluit saxis agitatus humor,
Concidunt venti, fugiuntque nubes,
Et minax, quod sic voluere, ponto
Unda recumbit.
Romulum post hos prius, an quietum
Pompili regnum memorem, an superbos
Tarquini fasces, dubito, an Catonis
Nobile letum.
Regulum, et Scauros, animæque magnæ
Prodigum Paulum, superante Pœno,
Gratus insigni referam Camœna,
Fabriciumque.
Hunc, et incomtis Curium capillis
Utilem bello tulit, et Camillum
Sæva paupertas et avitus apto
Cum Lare fundus [8].
Crescit occulto, velut arbor, ævo

trépide dans les combats, Bacchus, ni toi, Diane, vierge ennemie des bêtes sauvages, ni toi, Phébus, dont l'arc redoutable lance d'inévitables traits. Je chanterai aussi Hercule et les fils de Léda, tous deux illustres vainqueurs, l'un dans les courses de chevaux, l'autre dans les combats du ceste. Dès que leur blanche étoile brille aux yeux des matelots, l'onde soulevée s'écoule du flanc des rochers, les vents se taisent, les nuées s'enfuient, et, docile à leur volonté, la vague menaçante retombe au sein des mers.

Rappellerai-je ensuite Romulus, le règne pacifique de Numa, ou les faisceaux orgueilleux de Tarquin, ou l'héroïque trépas de Caton? Ma Muse reconnaissante comblera de glorieux éloges Régulus, les deux Scaurus, Paul Émile, prodigue de sa noble vie sous le fer du Carthaginois vainqueur, et le magnanime Fabricius. Comme celui-ci, c'est à l'école sévère de la pauvreté, dans leur modeste héritage, à l'ombre du toit paternel, que se sont formés Camille, et Curius à l'inculte chevelure, mais si utile à sa patrie dans les combats. La gloire de Marcellus croît insensiblement et de jour en jour comme un jeune

Liber,	Bacchus,
audax prœliis,	hardi dans les combats,
et virgo inimica	et *toi*, vierge ennemie
belluis sævis;	des bêtes farouches;
nec te, Phœbe metuende	ni toi, ô Phébus redoutable
sagitta certa.	par *ta* flèche sûre.
Dicam et Alciden,	Je dirai aussi Alcide,
puerosque Ledæ,	et les fils de Léda,
hunc nobilem	celui-ci fameux
superare equis,	pour vaincre avec les chevaux,
illum pugnis;	celui-là avec les poings;
quorum simul alba stella	desquels aussitôt que la blanche étoile
refulsit nautis,	a brillé aux matelots,
humor agitatus	l'eau soulevée
defluit saxis,	retombe-en-coulant des rochers,
venti concidunt,	les vents s'abattent,
nubesque fugiunt,	et les nuages fuient,
et, quod voluere sic,	et, parce qu'ils *l'*ont voulu ainsi,
unda minax	l'onde menaçante
recumbit ponto.	s'affaisse sur la mer.
Dubito an post hos	J'hésite si après ceux-ci
memorem	je rappellerai
prius Romulum,	d'abord Romulus,
an regnum quietum	ou le règne tranquille
Pompili,	de Pompilius,
an fasces superbos	ou les faisceaux superbes
Tarquini,	de Tarquin,
an nobile letum Catonis.	ou le glorieux trépas de Caton.
Gratus	Reconnaissant
referam Camœna insigni	je rapporterai dans un chant remarquable
Regulum, et Scauros,	Régulus, et les Scaurus,
Paulumque	et Paul *Emile*
prodigum	prodigue de (qui sacrifia)
magnæ animæ,	*sa* grande (noble) vie,
Pœno superante,	le Carthaginois étant-vainqueur,
Fabriciumque.	et Fabricius.
Sæva paupertas	La dure pauvreté
et fundus avitus	et le bien des-aïeux
cum Lare	avec un Lare (un toit)
apto	convenable (aussi modeste)
tulit hunc,	ont produit celui-ci (Fabricius),
et Curium	et Curius
capillis incomtis,	aux cheveux non-arrangés,
utilem bello,	utile dans la guerre,
et Camillum.	et Camille.
Fama Marcelli	La renommée de Marcellus
crescit velut arbor	grandit comme un arbre

Fama Marcelli[6]; micat inter omnes
Julium sidus[7], velut inter ignes
Luna minores.
Gentis humanæ pater atque custos,
Orte Saturno, tibi cura magni
Cæsaris fatis data : tu secundo
Cæsare regnes.
Ille, seu Parthos Latio imminentes
Egerit justo domitos triumpho,
Sive subjectos Orientis oræ
Seras et Indos,
Te minor latum reget æquus orbem;
Tu gravi curru quaties Olympum,
Tu parum castis inimica mittes
Fulmina lucis.

arbre. L'étoile de Jules brille entre tous les astres, telle que Phébé au milieu des feux moins brillants qui l'environnent. Père et conservateur des hommes, fils de Saturne, c'est à toi que les destins ont confié la garde du grand César. Règne, premier roi de l'univers; César en est le second. Soit que, par une éclatante victoire, sa juste vengeance ait repoussé les Parthes qui menaçaient le Latium, ou le Sère et l'Indien placés sous les premiers feux de l'Orient : soumis à toi seul, mais sans envier ton pouvoir, César gouvernera la terre, tandis que tu ébranleras l'Olympe sous les roues de ton char redoutable, et que tu lanceras tes foudres vengeresses sur les bois profanés par nos crimes.

ævo	par le temps
occulto;	caché (aux progrès insensibles);
sidus Julium	l'astre de-Jules *César*
micat inter omnes,	brille entre tous,
velut luna	comme la lune
inter ignes minores.	parmi les feux (astres) moindres.
Pater atque custos	Père et conservateur
gentis humanæ,	de la race humaine,
orte Saturno,	issu de Saturne,
tibi data fatis	à toi *a été* donné par les destins
cura magni Cæsaris:	le soin du grand César:
tu regnes,	toi, règne,
Cæsare secundo.	César *étant ton* second *sur la terre.*
Ille,	Lui (César),
seu egerit	soit qu'il ait repoussé
domitos justo triumpho	domptés par un juste triomphe
Parthos imminentes Latio,	les Parthes qui menacent le Latium,
sive	soit *qu'il ait repoussé*
Seras et Indos	les Sères et les Indiens
subjectos oræ	placés-sous le bord (la zone)
Orientis,	de l'Orient,
minor te	inférieur à toi
æquus	*mais* égal (non jaloux)
reget latum orbem;	gouvernera le vaste univers;
tu quaties Olympum	toi tu ébranleras l'Olympe
curru gravi,	de *ton* char terrible,
tu mittes	toi tu lanceras
lucis parum castis	sur les bois peu purs (profanés)
fulmina inimica.	les foudres ennemies.

CARMEN XIII.

AD LYDIAM.

Quum tu, Lydia, Telephi
Cervicem roseam, cerea Telephi
Laudas brachia, væ! meum
Fervens difficili bile tumet jecur.
Tunc nec mens mihi nec color
Certa sede manent, humor et in genas
Furtim labitur, arguens
Quam lentis penitus macerer ignibus.
Uror, seu tibi candidos
Turparunt humeros immodicæ mero
Rixæ, sive puer furens
Impressit memorem dente labris notam[1]
Non, si me satis audias,
Speres perpetuum dulcia barbare
Lædentem oscula, quæ Venus
Quinta parte sui nectaris[2] imbuit.
Felices ter et amplius,
Quos irrupta tenet copula, nec malis
Divulsus querimoniis
Suprema citius solvet amor die.

ODE XIII.

A LYDIE.

O Lydie, quand je t'entends louer et le cou de rose de Télèphe et les bras d'ivoire de Télèphe, j'ai peine à contenir la bile qui bouillonne dans mon cœur enflammé. Ma raison m'abandonne, mon front change de couleur, et de furtives larmes, coulant sur mes joues, trahissent le feu lent et caché qui me consume. Soit qu'en vos luttes amoureuses échauffées des vins d'une orgie, Télèphe ait de ses caresses meurtri tes blanches épaules ; soit que ton jeune amant ait, dans son délire, violemment imprimé sur ta lèvre sa dent passionnée, je me sens brûlé de mille feux. Oh ! si tu m'écoutais, Lydie, tu ne croirais pas à la constance de celui qui cueille en barbare sur ta bouche des baisers que Vénus a parfumés de son nectar le plus doux. Heureux, trois et quatre fois heureux ceux que retient unis un indissoluble nœud, dont l'amour n'est jamais troublé par de funestes querelles, et que la mort seule vient trop tôt séparer !

CARMEN XIII.

AD LYDIAM.

Quum tu, Lydia,
laudas cervicem roseam
Telephi,
brachia cerea Telephi,
væ! meum jecur
fervens
tumet bile difficili.
Tunc nec mens
nec color
manent mihi
sede certa,
et humor
labitur furtim
in genas,
arguens
quam macerer penitus
ignibus lentis.
Uror,
seu rixæ
immodicæ mero
turparunt humeros
candidos,
sive puer furens
impressit labris
dente
notam memorem.
Si me audias satis,
non speres
perpetuum,
lædentem barbare
dulcia oscula,
quæ Venus imbuit
quinta parte
sui nectaris.
Felices ter et amplius,
quos copula irrupta
tenet,
nec solvet
citius suprema die
amor divulsus
malis querimoniis.

ODE XIII.

A LYDIE.

Lorsque toi, Lydie,
tu loues le cou de-rose
de Télèphe,
les bras de-cire de Télèphe,
hélas! mon foie
échauffé
se gonfle d'une bile difficile *à contenir*.
Alors ni l'esprit
ni la couleur
ne restent à moi
à une place certaine (la même),
et l'eau (les larmes)
coule furtivement
sur *mes* joues,
décelant
combien je suis miné profondément
par des feux lents.
Je me brûle *de douleur*,
soit que des rixes
devenues immodérées par le vin
aient dégradé *tes* épaules
blanches,
soit que *ce* jeune homme en-délire
ait imprimé sur *tes* lèvres
avec *sa* dent
une marque qui-fait-souvenir *de son* [*amour*.
Si tu m'écoutais assez,
tu n'espérerais pas *celui-là*
devoir être éternel *dans son amour*,
qui blesse en-barbare
tes doux baisers (tes lèvres),
que Vénus a parfumés
de la cinquième partie
de son nectar.
Heureux trois fois et plus,
ceux qu'un lien indissoluble
retient,
et *que* ne séparera pas
plus tôt que (avant) le dernier jour
un amour rompu
par de tristes querelles.

CARMEN XIV.

AD REMPUBLICAM.

O navis [1], referent in mare te novi
Fluctus ! O quid agis ? fortiter occupa
Portum. Nonne vides, ut
Nudum remigio latus,
Et malus celeri saucius Africo,
Antennæque gemant, ac sine funibus
Vix durare [2] carinæ
Possint imperiosius
Æquor ? Non tibi sunt integra lintea,
Non di, quos iterum pressa voces malo.
Quamvis Pontica pinus,
Silvæ filia nobilis,
Jactes et genus et nomen inutile,
Nil pictis timidus navita puppibus
Fidit. Tu, nisi ventis
Debes ludibrium, cave.
Nuper sollicitum quæ mihi tædium,
Nunc desiderium curaque non levis,
Interfusa nitentes
Vites æquora Cycladas [3].

ODE XIV.

A LA RÉPUBLIQUE.

Cher vaisseau ! de nouveaux orages vont te reporter au milieu des mers ! Hélas ! que fais-tu ? Tiens-toi ferme dans le port. Ne vois-tu pas tes flancs dégarnis de rames et ton mât brisé par l'impétueux autan ? N'entends-tu pas gémir tes antennes ? Pourras-tu sans cordages résister à la fureur des flots ? Tu n'as plus tes voiles entières ; tu n'as plus de dieu que tu puisses invoquer dans ta nouvelle détresse. En vain le Pont te donna naissance ; enfant d'une illustre forêt, tu vanteras inutilement ton nom et ton origine : les peintures de ta poupe ne rassurent point le pilote alarmé. Si tu ne veux pas devenir le jouet des vents, fuis le danger. O toi, naguère ma peine et mon inquiétude, aujourd'hui l'objet de mes vœux et de ma tendre sollicitude, évite surtout les détroits qui séparent les brillantes Cyclades.

CARMEN XIV.	ODE XIV.
AD REMPUBLICAM.	A LA RÉPUBLIQUE.
O navis,	O vaisseau,
fluctus novi	des flots nouveaux (les flots de nouveau)
te referent in mare!	te reporteront *donc* sur la mer!
O quid agis?	Oh! que fais-tu?
occupa fortiter portum.	tiens fortement le port.
Nonne vides,	Ne vois-tu pas,
ut latus	comme *ton* flanc
nudum remigio,	nu (dépouillé) de rames,
et malus	et *comme ton* mât
saucius	blessé (endommagé)
celeri Africo	par le rapide Africus
antennæque gemant,	et *comme tes* antennes gémissent,
ac carinæ	et *comme ta* carène
sine funibus	sans cordages
possint vix durare	peut à peine supporter
æquor imperiosius?	la mer plus impérieuse (en courroux)?
Tibi non sunt	A toi ne sont pas
lintea integra,	des voiles entières,
non di,	*à toi* ne *sont* pas des dieux,
quos voces	que tu puisses appeler
pressa iterum malo.	opprimé de nouveau par le mal (la détresse).
Quamvis pinus Pontica,	Bien que *toi*, sapin du Pont,
filia nobilis silvæ,	fille d'une noble forêt,
jactes et genus,	tu vantes et *ton* origine,
et nomen inutile,	et *ton* nom (ta noblesse) inutile,
navita timidus	le matelot timide
fidit nil	ne se fie en rien
puppibus pictis.	aux poupes peintes.
Tu cave,	Toi prends-garde,
nisi debes	si tu ne dois pas (ne veux pas fournir)
ludibrium ventis.	un jouet aux vents.
Quæ mihi nuper	*Toi* qui *étais* pour moi naguère
tædium sollicitum,	un *sujet de* chagrin inquiet,
nunc desiderium	maintenant objet-de-tendresse
curaque non levis,	et souci non léger,
vites æquora	évite les mers
interfusa Cycladas nitentes.	répandues-entre les Cyclades brillantes.

CARMEN XV.

NEREI VATICINIUM.

Pastor[1] quum traheret per freta navibus
Idæis Helenen perfidus hospitam[2],
Ingrato celeres obruit otio[3]
Ventos, ut caneret fera
Nereus fata : « Mala ducis avi[4] domum,
Quam multo repetet Græcia milite,
Conjurata tuas rumpere nuptias,
Et regnum Priami vetus.
Eheu ! quantus equis, quantus adest viris
Sudor ! quanta moves funera Dardanæ
Genti[5] ! Jam galeam Pallas et ægida
Currusque et rabiem parat.
Nequicquam Veneris præsidio ferox
Pectes cæsariem, grataque feminis
Imbelli cithara carmina divides ;
Nequicquam thalamo graves
Hastas et calami spicula Gnosii
Vitabis, strepitumque et celerem sequi
Ajacem ; tamen, heu ! serus adulteros
Crines pulvere collines.

ODE XV.

PRÉDICTION DE NÉRÉE.

Quand sur des vaisseaux enfants de l'Ida le berger Troyen, hôte perfide, entraînait Hélène à travers les flots, Nérée enchaîna les vents rapides dans un calme importun à leur impatience pour prédire au ravisseur ses funestes destins : « Tu conduis dans ta patrie, sous de sinistres auspices, celle que viendra te redemander, avec tous ses bataillons, la Grèce conjurée pour briser les nœuds de ton hymen et le trône antique de Priam. Hélas ! quels flots de sueur inondent les chevaux et les soldats ! Que de funérailles tu prépares aux descendants de Dardanus ! Déjà Pallas, aiguisant sa rage, apprête son casque, son égide et son char. En vain, fier de l'appui de Vénus, tu prendras soin de ta chevelure, et mariant ta voix à ta lyre efféminée, tu feras entendre des chants aimés des femmes ; en vain, réfugié dans ta couche, tu te déroberas aux pesantes javelines, aux flèches acérées de la Crète, au bruit des armes, à la vive poursuite d'Ajax. Un jour, trop tard, hélas ! tu souilleras dans la poudre

CARMEN XV.

VATICINIUM NEREI.

Quum pastor perfidus
traheret per freta
navibus Idæis
Helenen hospitam,
Nereus obruit
otio ingrato
ventos celeres,
ut caneret fata fera.
« Ducis domum
mala avi,
quam Græcia
repetet
milite multo,
conjurata
rumpere tuas nuptias,
et vetus regnum Priami.
Eheu! quantus sudor
adest equis,
quantus viris!
quanta funera
moves
genti Dardanæ!
Jam Pallas
parat galeam et ægida
currusque et rabiem.
Nequicquam
ferox præsidio Veneris
pectes cæsariem,
dividesque
imbelli cithara
carmina grata feminis;
nequicquam
vitabis thalamo
hastas graves
et spicula calami Gnosii,
strepitumque
et Ajacem celerem sequi;
tamen, serus, heu!
collines pulvere
crines adulteros.

ODE XV.

PRÉDICTION DE NÉRÉE.

Quand le pasteur perfide
entraînait à travers les mers
sur les vaisseaux de-l'Ida
Hélène *son* hôtesse,
Nérée abattit (fit tomber)
par un repos désagréable *aux vents*
les vents rapides,
pour qu'il chantât les destins terribles.
« Tu emmènes dans *ta* maison
sous un funeste oiseau (présage),
cette femme que la Grèce
redemandera
avec un soldat nombreux,
la Grèce liée-par-serment
pour briser *ton* union-nuptiale,
et l'antique royaume de Priam.
Hélas! quelle sueur
est aux chevaux,
quelle *sueur* aux guerriers!
quelles funérailles
tu remues (tu prépares)
à la race de-Dardanus!
Déjà Pallas
prépare *son* casque et *son* égide
et *son* char et *sa* fureur.
Vainement
fier de l'appui de Vénus
tu peigneras *ta* chevelure,
et tu partageras *entre ta voix et ton instrument*
avec *ta* lâche cithare
des chants agréables aux femmes;
vainement
tu éviteras dans ton appartement
les javelots terribles
et les traits de la flèche de-Gnose,
et le bruit *de la bataille*
et Ajax prompt à poursuivre;
cependant, tardif (mais trop tard), hélas!
tu souilleras de poussière
tes cheveux adultères.

Non Laertiaden[6], exitium tuæ
Genti, non Pylium Nestora respicis?
Urgent impavidi te Salaminius
Teucer et Sthenelus sciens
Pugnæ, sive opus est imperitare equis,
Non auriga piger. Merionen quoque
Nosces. Ecce furit te reperire atrox
Tydides, melior patre;
Quem tu, cervus uti vallis in altera
Visum parte lupum graminis immemor,
Sublimi fugies mollis anhelitu,
Non hoc pollicitus tuæ[7].
Iracunda diem proferet Ilio
Matronisque Phrygum classis Achillei;
Post certas hiemes uret Achaicus
Ignis Iliacas domos. »

tes cheveux adultères. Ne vois-tu pas derrière toi le fils de Laërte fléau de ta race? Ne vois-tu pas Nestor, roi de Pylos? Déjà t pressent deux guerriers intrépides, Teucer de Salamine et Sthénélus, savant dans l'art de la guerre, et dont la main habile sait diriger des coursiers. Tu connaîtras aussi Mérion. Voici que le terribl fils de Tydée, plus vaillant que son père, brûle de te rencontrer Mais toi, tel que le cerf timide, oubliant l'herbe du pâturage, fuit u loup qu'il a vu de l'autre côté du vallon, lâche, tu fuiras devan lui, haletant, éperdu, et ce n'est pas là ce que tu avais promis à to Hélène. La flotte courroucée d'Achille prolongera les jours d'Ilio et des femmes Troyennes; mais ils sont comptés, les hivers aprè lesquels le feu des Grecs embrasera les palais de Pergame. »

———

Non respicis	Ne vois-tu-pas-derrière-toi
Laertiaden,	le fils-de-Laërte,
exitium tuæ genti,	fléau pour ta race,
non Nestora Pylium?	ne *vois-tu* pas Nestor de-Pylos?
Impavidi urgent te,	Intrépides ils te pressent,
Teucer Salaminius,	Teucer de-Salamine,
et Sthenelus	et Sthénélus
sciens pugnæ,	qui-a-la-science du combat,
sive est opus	ou *qui*, s'il est besoin
imperitare equis,	de commander à des chevaux,
auriga non piger.	*est* un cocher non indolent.
Nosces quoque Merionen.	Tu connaîtras aussi Mérion.
Ecce atrox Tydides,	Voici que le terrible fils-de-Tydée
melior patre,	plus brave que *son* père,
furit te reperire;	brûle de te trouver ;
quem tu mollis	*Diomède* que toi efféminé
fugies	tu fuiras
anhelitu	avec un essoufflement
sublimi,	qui-fait-lever-la-tête,
uti cervus	comme le cerf
immemor graminis	oubliant l'herbe
lupum	*fuit* un loup
visum	vu (qu'il a aperçu)
in altera parte vallis,	dans un autre côté du vallon,
non pollicitus	*tu fuiras*, *quoique* n'ayant pas promis
hoc	cela, *mais le contraire*,
tuæ.	à ton *Hélène*.
Classis iracunda Achillei	La flotte irritée d'Achille
proferet diem	prolongera le jour (la durée)
Ilio	pour Ilion
matronisque Phrygum;	et pour les mères des Phrygiens ;
post hiemes certas,	après *le nombre* d'hivers fixés,
ignis Achaicus	le feu Achéen
uret domos Iliacas. »	brûlera les demeures d'-Ilion. »

CARMEN XVI.

PALINODIA.

O matre pulchra filia pulchrior,
Quem criminosis cumque voles modum
Pones iambis, sive flamma,
Sive mari libet Adriano.
Non Dindymene[1], non adytis quatit
Mentem sacerdotum incola Pythius,
Non Liber æque, non acuta
Sic geminant Corybantes[2] æra,
Tristes ut iræ : quas neque Noricus[3]
Deterret ensis, nec mare naufragum,
Nec sævus ignis, nec tremendo
Jupiter ipse ruens tumultu.
Fertur Prometheus addere principi
Limo coactus particulam undique
Desectam, et insani leonis
Vim stomacho apposuisse nostro.

ODE XVI.

PALINODIE.

O fille plus belle encore que ta charmante mère, ordonne à ton gré du sort de mes ïambes injurieux : choisis ou la flamme ou les flots de la mer Adriatique. Ni les fureurs que Cybèle inspire, ni les secousses dont le vainqueur de Python ébranle le cœur de la prêtresse dans son antre sacré, ni les transports de Bacchus, ni le bruit strident de l'airain sous les coups redoublés des Corybantes, rien n'égale les funestes effets de la colère. Rien ne l'effraye, ni l'homicide épée de la Norique, ni la mer couverte de naufrages, ni la flamme et ses fureurs, ni Jupiter lui-même se précipitant sur la terre avec les redoutables éclats de sa foudre.

On dit que Prométhée, forcé d'ajouter au limon créateur une parcelle empruntée à chacun des animaux, souffla dans notre cœur la

CARMEN XVI.	ODE XVI.
PALINODIA.	PALINODIE.
O filia pulchrior	O fille plus belle
matre pulchra,	que *ta* mère belle *pourtant*,
pones	tu imposeras
iambis criminosis	à *mes* iambes satiriques
quemcumque modum	le terme (sort) quelconque que
voles,	tu voudras,
sive libet	soit qu'il *te* plaise
flamma,	*de les détruire* avec les flammes,
sive mari Adriano.	soit dans la mer Adriatique.
Non Dindymene,	Ni Dindymène (Cybèle),
non incola Pythius	ni l'habitant de-Pytho
quatit adytis	n'ébranle dans le sanctuaire
mentem sacerdotum,	le cœur des prêtres,
non Liber æque,	ni Bacchus ne *l'*ébranle également,
non Corybantes	ni les Corybantes
geminant sic	ne frappent-à-coups-redoublés ainsi
æra acuta,	l'airain au-son-aigu,
ut tristes iræ :	comme les tristes colères :
quas deterret	*elles* que n'effraye
neque ensis Noricus,	ni l'épée du-Norique,
nec mare naufragum,	ni la mer où-l'on-fait-naufrage,
nec ignis sævus,	ni le feu menaçant,
nec Jupiter ipse,	ni Jupiter lui-même
ruens	se précipitant *en tonnerre*
tumultu tremendo.	avec un fracas épouvantable.
Prometheus fertur	Prométhée est rapporté
addere	ajouter (avoir ajouté)
coactus	*y* étant forcé
limo principi	au limon primitif
particulam	une parcelle
desectam undique,	détachée de tous côtés (empruntée à tous les êtres),
et apposuisse	et avoir placé
nostro stomacho	dans notre poitrine
vim leonis insani.	la violence du lion furieux.

Iræ Thyesten exitio gravi
Stravere, et altis urbibus ultimæ
Stetere causæ, cur perirent
Funditus, imprimeretque muris
Hostile aratrum exercitus insolens.
Compesce mentem. Me quoque pectoris
Tentavit in dulci juventa
Fervor, et in celeres iambos
Misit furentem. Nunc ego mitibus
Mutare quæro tristia, dum mihi
Fias recantatis amica
Opprobriis, animumque reddas.

rage du lion. La colère précipita Thyeste dans un abîme de malheurs; la colère a seule renversé de fond en comble de superbes cités, et promené sur leurs remparts la charrue ennemie d'un vainqueur insolent.

Apaise donc ton âme irritée. Moi-même, au temps heureux de ma jeunesse, de bouillants transports m'ont égaré, ont armé ma fureur du rapide ïambe. Aujourd'hui, je veux changer l'amertume en douceur, pourvu qu'indulgente envers un ami qui désavoue ses outrages, tu daignes me rendre ton cœur.

Iræ stravere Thyesten	La colère abattit Thyeste
exitio gravi,	par une fin terrible,
et stetere	et fut
urbibus altis	pour les villes élevées
causæ ultimæ	la cause dernière
cur perirent funditus,	pour qu'elles périssent de fond en comble,
exercitusque insolens	et qu'une armée insolente
imprimeret muris	fît passer sur *leurs* murs
aratrum hostile.	une charrue ennemie.
Compesce mentem.	Apaise *ton* âme.
Fervor pectoris	L'ardeur de la poitrine (du cœur)
me tentavit quoque	m'a éprouvé aussi
in dulci juventa,	dans la douce jeunesse,
et misit furentem	et *me* lança en délire
in iambos celeres.	dans les ïambes rapides.
Nunc ego quæro	Maintenant je cherche
mutare tristia	à remplacer des *vers* amers
mitibus,	par de doux,
dum mihi fias amica	pourvu que tu me deviennes amie
opprobriis recantatis,	*mes* injures étant rétractées,
reddasque animum.	et que tu *me* rendes *ton* cœur.

CARMEN XVII.

AD TYNDARIDEM.

Velox amœnum sæpe Lucretilem[1]
Mutat Lycæo[2] Faunus, et igneam
Defendit æstatem capellis
Usque meis, pluviosque ventos.
Impune tutum per nemus arbutos
Quærunt latentes et thyma deviæ
Olentis uxores mariti[3],
Nec virides metuunt colubras,
Nec Martiales Hædiliæ[4] lupos;
Utcumque dulci, Tyndari, fistula
Valles et Usticæ[5] cubantis
Levia personuere saxa.
Di me tuentur, dis pietas mea
Et Musa cordi est. Hinc tibi copia
Manabit ad plenum benigno,
Ruris honorum opulenta, cornu.

ODE XVII.

A TYNDARIS.

Faune aux pieds légers quitte souvent le Lycée pour le riant Lucrétile, et toujours il garantit mes chèvres de l'été brûlant et des vents pluvieux. Dès que sa flûte mélodieuse a fait retentir les vallons et les roches polies où s'incline Ustique, ces maîtresses vagabondes d'un époux que trahit son odeur, cherchent sans danger dans les bois le thym et l'arbousier qui se cache, sans avoir à craindre, en courant sur les sommets d'Hédilia, ni la verte couleuvre ni le loup consacré à Mars.

Oui, Tyndaris, les dieux me protégent; les dieux aiment mes pieux hommages et mes vers. Ici, l'abondance épanchera pour toi de sa corne féconde tous les trésors des champs. Ici, dans un vallon

CARMEN XVII.	ODE XVII.
AD TYNDARIDEM.	A TYNDARIS.
Velox Faunus	L'agile (le léger) Faune
mutat sæpe Lycæo	échange souvent contre le Lycée
amœnum Lucretilem,	l'agréable Lucrétile,
et defendit usque	et écarte toujours
meis capellis	de mes chèvres
æstatem igneam,	l'été de-feu (enflammé),
ventosque pluvios.	et les vents pluvieux.
Uxores deviæ	Les épouses vagabondes
mariti olentis	du mari qui-sent-mauvais (du bouc)
quærunt impune per nemus	cherchent sans-danger dans le bois
arbutos latentes	les arbousiers cachés
et thyma,	et le thym,
nec metuunt	et ne craignent pas
virides colubras,	les vertes couleuvres,
nec lupos Hædiliæ	ni les loups de l'Hédilia
Martiales;	consacrés-à-Mars;
utcumque, Tyndari,	dès que, Tyndaris,
valles	les vallées
et saxa levia	et les roches polies
Usticæ cubantis	d'Ustique couché (en pente)
personuere dulci fistula.	ont retenti de *sa* douce flûte.
Di me tuentur,	Les dieux me protégent,
mea pietas et Musa	ma piété et *ma* Muse
est cordi dis.	sont à cœur aux dieux.
Hinc copia	D'ici (ici) l'abondance
opulenta	opulente
honorum ruris	en honneurs (en biens) de la campagne
manabit tibi	coulera pour toi
ad plenum	jusqu'au plein (jusqu'à satiété)
cornu benigno.	d'une corne bienveillante (libérale).

Hic in reducta valle Caniculæ
Vitabis æstus, et fide Teia[6]
Dices laborantes in uno[7]
Penelopen vitreamque[8] Circen.
Hic innocentis pocula Lesbii
Duces sub umbra ; nec Semeleius
Cum Marte confundet Thyoneus
Prælia, nec metues protervum
Suspecta Cyrum, ne male dispari
Incontinentes injiciat manus,
Et scindat hærentem coronam
Crinibus, immeritamque vestem.

solitaire, tu trouveras un abri contre les feux de la Canicule, et, sur le luth de Téos, tu chanteras les tourments, les amours rivaux de Pénélope et de l'inconstante Circé. Ici, tu savoureras à l'ombre l'innocent nectar de Lesbos. Le fils de Sémélé ne mêlera pas à son délire les combats de Mars ; et tu n'auras pas à craindre que, dans sa jalouse fureur, l'audacieux Cyrus, abusant de ses forces, porte sur toi ses mains brutales, déchire la couronne enlacée à tes cheveux, et ta robe, qui n'a pas mérité de tels outrages.

Hic in valle reducta	Ici dans un vallon retiré
vitabis æstus Caniculæ,	tu éviteras les chaleurs de la Canicule,
et fide Teia	et sur la lyre de-Téos
dices Penelopen	tu diras (chanteras) Pénélope
Circenque vitream	et Circé de-verre (fragile, volage)
laborantes	travaillant *de l'esprit* (inquiètes)
in uno.	au sujet d'un seul (même) *homme.*
Hic duces sub umbra	Ici tu humeras sous (à) l'ombre
pocula Lesbii	des coupes *de vin* de-Lesbos
innocentis;	qui-ne-nuit-pas;
nec Semeleius Thyoneus	et le fils-de-Sémélé Thyonée
confundet prælia	ne mêlera (n'engagera) pas de combats
cum Marte,	avec Mars,
nec metues	et tu ne craindras pas
protervum Cyrum	le violent Cyrus
suspecta,	étant soupçonnée *par lui*,
ne injiciat male	qu'il ne jette honteusement
dispari	sur *toi* inégale *en forces*
manus	des mains
incontinentes,	qui-ne-se-contiennent pas (brutales),
et scindat coronam	et déchire la couronne
hærentem crinibus,	attachée à *tes* cheveux,
vestemque immeritam.	et *ta* robe innocente.

CARMEN XVIII.

AD VARUM.

Nullam, Vare[1], sacra vite prius severis arborem
Circa mite solum Tiburis et mœnia Catili.
Siccis[2] omnia nam dura deus proposuit, neque
Mordaces aliter diffugiunt sollicitudines.
Quis post vina gravem militiam aut pauperiem crepat?
Quis non te potius, Bacche pater, teque, decens Venus?
At, ne quis modici transiliat munera Liberi,
Centaurea monet cum Lapithis rixa super mero
Debellata, monet Sithoniis non levis Evius,
Quum fas atque nefas exiguo fine libidinum

ODE XVIII.

A VARUS.

Garde-toi, Varus, de planter aucun arbre avant la vigne sacrée, dans le délicieux terroir de Tibur, autour des murs de Catilus ; car, Bacchus ainsi l'a voulu, tout est malheur pour l'homme qui ne boit pas : le vin seul met en fuite les soucis rongeurs. Quel est celui qui, après boire, se plaint des fatigues de la guerre ou des rigueurs de la pauvreté? Ah! bien plutôt il ne chante que toi, bienfaisant Bacchus, et toi, riante Vénus. Mais qu'on ne franchisse pas les bornes que prescrit le dieu dans l'usage de ses dons. Songeons aux combats sanglants des Centaures et des Lapithes, à qui l'ivresse mit les armes à la main. Songeons au courroux de Bacchus contre les Thraces, quand, dans leur soif insatiable, leurs passions reconnaissent à peine un intervalle étroit entre le crime et la vertu. O Bassarée, dieu

CARMEN XVIII.

AD VARUM.

Vare,
severis nullam arborem
prius vite sacra
circa mite solum Tiburis
et mœnia Catili.
Nam deus
proposuit omnia dura
siccis,
neque sollicitudines
mordaces
diffugiunt
aliter.
Quis post vina
crepat
gravem militiam
aut pauperiem?
Quis non potius
te, pater Bacche,
teque, decens Venus?
At rixa Centaurea
debellata super mero
cum Lapithis
monet ne quis transiliat
munera
Liberi modici,
Evius monet
non levis
Sithoniis,
quum avidi
discernunt
fine exiguo libidinum
fas atque nefas.

ODE XVIII.

A VARUS.

Varus,
ne plante nul arbre
avant la vigne sacrée
autour du doux sol de Tibur
et des murs de Catilus.
Car un dieu [rudes
a fixé-d'avance (destiné) toutes choses
aux *gens* à-sec (qui ne boivent pas),
et les soucis
rongeurs
ne se dissipent pas
autrement *qu'en buvant.*
Qui après le vin (après boire)
a-à-la-bouche
le lourd service-militaire
ou la pauvreté?
Qui n'*a* pas plutôt *à la bouche*
toi, père (dieu) Bacchus,
et toi, belle Vénus?
Mais la rixe des-Centaures
combattue (engagée) après le vin
avec les Lapithes
avertit que l'on ne dépasse pas
les présents (bienfaits)
de Bacchus pris-avec-mesure,
Bacchus *nous en* avertit
Bacchus non léger (irrité)
contre les Thraces,
lorsque avides
ils distinguent
par la limite étroite des passions
le permis et l'illicite.

Discernunt avidi. Non ego te, candide Bassareu,
Invitum quatiam[3], nec variis obsita frondibus
Sub divum rapiam. Sæva tene cum Berecynthio
Cornu tympana, quæ subsequitur cæcus amor sui,
Et tollens vacuum plus nimio Gloria verticem,
Arcanique Fides prodiga, pellucidior vitro.

sans fard, ce n'est pas moi qui violerai le secret de ton sanctuaire; je ne révélerai point au jour tes symboles cachés sous le feuillage. Mais laisse en repos les redoutables cymbales et le cor de Bérécynthe, qui traînent à leur suite l'amour-propre aveugle, et l'orgueil dont la tête vide s'élève jusqu'aux cieux, et l'indiscrétion plus transparente que le verre.

Ego non quatiam	Moi je ne mettrai-pas-en-mouvement
te invitum,	toi contre-ton-gré,
candide Bassareu,	sincère Bacchus,
nec rapiam sub divum	et je n'entraînerai pas sous (à) l'air
obsita	*tes objets sacrés* voilés
frondibus variis.	de feuillages divers.
Tene tympana sæva	Retiens *ta* cymbale étourdissante
cum cornu Berecynthio,	avec la trompe du-Bérécynthe,
quæ subsequitur	que suit-de-près
cæcus amor sui,	l'aveugle amour de soi,
et Gloria	et l'Orgueil
tollens plus nimio	qui élève plus que trop (à l'excès)
verticem vacuum,	*sa* tête vide,
Fidesque	et la Confiance
prodiga arcani,	prodigue (divulgatrice) du secret,
pellucidior vitro.	plus transparente que le verre.

CARMEN XIX.

GLYCERA.

Mater sæva cupidinum[1]
Thebanæque jubet me Semeles puer
Et lasciva Licentia
Finitis animum reddere amoribus.
Urit me Glyceræ nitor,
Splendentis Pario marmore purius;
Urit grata protervitas,
Et vultus nimium lubricus adspici.
In me tota ruens Venus
Cyprum deseruit, nec patitur Scythas,
Et versis animosum equis
Parthum dicere, me quæ nihil attinent.
Hic vivum mihi cespitem, hic
Verbenas, pueri, ponite, turaque
Bimi cum patera meri:
Mactata veniet lenior hostia.

ODE XIX.

GLYCÈRE.

La mère des désirs voluptueux, et Bacchus, et l'attrait des plaisirs, m'ordonnent de rendre aux amours mon cœur qui leur avait dit adieu. Je me sens brûlé de feux à la vue de l'éclatante beauté de Glycère, de Glycère dont le teint brille plus pur que le marbre de Paros; je m'enflamme à son agaçant badinage, au charme dangereux de ses regards. Vénus, désertant ses temples de Cypre, fond tout entière sur moi, et ne souffre plus que je chante les Scythes, ni le Parthe belliqueux qui combat en fuyant, ni aucun sujet étranger à l'amour. Eh bien! jeunes esclaves, disposez ici des autels de frais gazons; apportez-y de la verveine et de l'encens, et une coupe de vin de deux ans : un sacrifice à Vénus la rendra plus propice à mes vœux.

CARMEN XIX.	ODE XIX.
GLYCERA.	GLYCÈRE.
Mater sæva cupidinum	La mère cruelle des désirs
puerque Semeles Thebanæ	et le fils de Sémélé la Thébaine
et Licentia lasciva	et la Hardiesse lascive
jubet me	ordonnent à moi
reddere animum	de rendre *mon* cœur
amoribus finitis.	à des amours finies.
Nitor Glyceræ,	L'éclat de Glycère,
splendentis purius	qui brille plus purement
marmore Pario,	que le marbre de-Paros,
me urit;	me brûle (m'enflamme);
protervitas grata	*son* agacerie agréable
urit,	*m'*enflamme,
et vultus	et (ainsi que) *son* regard
nimium lubricus adspici.	trop mobile à être vu.
Venus ruens tota in me	Vénus fondant tout entière sur moi
deseruit Cyprum,	a abandonné Cypre,
nec patitur	et elle ne souffre pas
dicere Scythas,	*moi* dire (que je chante) les Scythes,
et Parthum animosum	et le Parthe ardent
equis versis,	*ses* chevaux étant retournés (en fuyant),
quæ	*sujets* qui
attinent nihil me.	ne regardent en rien moi-*même*.
Ponite mihi hic	Placez-moi ici
cespitem vivum,	un gazon vif (frais),
hic verbenas,	*placez-moi* ici de la verveine,
pueri,	jeunes-garçons,
turaque	et de l'encens
cum patera meri bimi:	avec une coupe de vin de-deux-ans :
veniet lenior,	*Vénus* viendra plus douce,
hostia mactata.	une victime étant immolée.

CARMEN XX.

AD MÆCENATEM.

Vile potabis modicis Sabinum[1]
Cantharis, Græca quod ego ipse testa
Conditum levi, datus in theatro
Quum tibi plausus,
Care Mæcenas eques, ut paterni
Fluminis ripæ, simul et jocosa
Redderet laudes tibi Vaticani
Montis imago.
Cæcubum et prælo domitam Caleno
Tu bibes uvam : mea nec Falernæ
Temperant vites neque Formiani
Pocula colles.

ODE XX.

A MÉCENE.

Illustre chevalier, cher Mécène, tu boiras dans mes humbles coupes un modeste vin de Sabine que je scellai moi-même, dans des amphores Grecques, le jour que tu reçus au théâtre ces glorieux applaudissements dont retentirent les rives du fleuve qui arrose ta terre natale, et que répéta le joyeux écho du mont Vatican. Tu boiras chez toi le Cécube et le jus des raisins foulés par les pressoirs de Calès ; mais moi, je n'ai ni les vignes de Falerne, ni les coteaux de Formies pour corriger mon vin.

CARMEN XX.

AD MÆCENATEM.

Potabis
antharis modicis
Sabinum vile,
quod ego ipse levi
onditum
esta græca,
quum plausus
latus tibi in theatro,
are Mæcenas, eques,
t ripæ
luminis paterni,
t simul imago jocosa
nontis Vaticani
edderet tibi laudes.
Tu bibes Cæcubum,
t uvam
lomitam prælo Caleno:
iec vites Falernæ
ieque colles Formiani
emperant mea pocula.

ODE XX.

A MÉCÈNE.

Tu boiras
dans des coupes modestes
du *vin* Sabin de-peu-de-prix,
que moi-même j'ai cacheté
enfermé
dans une amphore grecque,
lorsqu'un applaudissement
fut donné à toi au théâtre,
cher Mécène, chevalier,
au point que les rives
du fleuve de-ta-patrie,
et en même temps l'écho joyeux
du mont Vatican
répétait à toi les louanges.
Toi (chez toi) tu boiras du Cécube,
et du raisin
dompté (foulé) par le pressoir de-Calès:
mais ni les vignes de-Falerne
ni les coteaux de-Formies
ne corrigent mes boissons (mon vin).

CARMEN XXI.

DIANA ET APOLLO.

Dianam teneræ dicite virgines;
Intonsum, pueri[1], dicite Cynthium,
Latonamque supremo
Dilectam penitus Jovi.
Vos[2] lætam fluviis et nemorum coma
Quæcumque aut gelido prominet Algido,
Nigris aut Erymanthi
Silvis aut viridis Cragi;
Vos[3] Tempe totidem tollite laudibus,
Natalemque, mares, Delon Apollinis,
Insignemque pharetra
Fraternaque humerum lyra.
Hic bellum lacrimosum, hic miseram famem,
Pestemque a populo et principe Cæsare in
Persas atque Britannos
Vestra motus aget prece.

ODE XXI.

DIANE ET APOLLON.

Jeunes vierges, chantez Diane ; jeunes Romains, chantez le di du Cynthe à la belle chevelure, et Latone tendrement aimée du tou puissant Jupiter. Vous, célébrez la déesse qui se plaît au bord d fleuves, et sous l'épais feuillage dont se couronnent ou le frais Algid ou le sombre Érymanthe, ou le Cragus verdoyant.

Vous, jeunes garçons, célébrez la vallée de Tempé, et Délos naquit Apollon, et le carquois qui brille sur sa blanche épaule, la lyre que lui donna son frère.

Touché par vos prières, ce dieu détournera loin de César, loin son peuple, les désastres de la guerre, les horreurs de la famine de la peste, et les fera retomber sur les Perses et les Bretons.

CARMEN XXI.	ODE XXI.
DIANA ET APOLLO.	DIANE ET APOLLON.
Teneræ virgines,	Tendres vierges,
dicite Dianam;	chantez Diane;
pueri,	jeunes-garçons,
dicite Cynthium	chantez le *dieu* du-Cynthe
intonsum,	non-tondu (à la belle chevelure),
Latonamque	et Latone
dilectam penitus	chérie fortement
supremo Jovi.	du souverain Jupiter.
Vos lætam	Vous *célébrez la déesse* qui-se-plaît
fluviis	aux fleuves
et coma nemorum,	et à la chevelure des forêts,
quæcumque prominet	laquelle *chevelure* se dresse
aut Algido gelido,	ou sur l'Algide frais,
aut nigris silvis	ou dans les forêts noires
Erymanthi	de l'Érymanthe
aut viridis Cragi;	ou *dans celles* du vert Cragus;
vos, mares, totidem	vous, garçons, en-pareil-nombre
tollite laudibus Tempe,	exaltez par *vos* louanges Tempé,
Delonque	et Délos
natalem Apollinis,	*île* natale d'Apollon,
humerumque	et l'épaule *du dieu*
insignem pharetra	remarquable par *son* carquois
lyraque fraterna.	et par la lyre de-son-frère.
Hic,	*C'est* lui *qui*,
motus vestra prece,	touché de votre prière,
aget a populo	poussera loin du peuple
et Cæsare principe	et de César, chef *de l'empire*,
in Persas atque Britannos	contre les Perses et les Bretons
bellum lacrimosum,	la guerre sujet-de-larmes,
hic	lui *qui poussera contre eux*
famem miseram,	la famine déplorable,
pestemque.	et la peste.

CARMEN XXII.

AD ARISTIUM FUSCUM.

Integer vitæ scelerisque purus[1]
Non eget Mauris jaculis neque arcu,
Nec venenatis gravida sagittis,
Fusce[2], pharetra;
Sive per Syrtes iter æstuosas[3],
Sive facturus per inhospitalem
Caucasum, vel quæ loca fabulosus
Lambit Hydaspes[4].
Namque me silva lupus in Sabina,
Dum meam canto Lalagen et ultra
Terminum curis vagor expeditus,
Fugit inermem;
Quale portentum neque militaris
Daunias latis alit æsculetis,
Nec Jubæ tellus[5] generat, leonum
Arida nutrix.

ODE XXII.

A ARISTIUS FUSCUS.

Fuscus, l'homme intègre et pur de tout crime n'a besoin ni des javelots, ni de l'arc du Maure, ni de son carquois chargé de traits empoisonnés, soit qu'il traverse les Syrtes mouvantes de la Libye, soit qu'il franchisse le Caucase inhospitalier ou les contrées qu'arrose le fameux Hydaspe.

Ainsi, dans la forêt Sabine, tandis que je chantais ma chère Lalagé, et que, libre d'inquiétude, je m'égarais trop loin, un loup a fui devant moi, et j'étais sans armes. C'était un monstre tel que n'en a jamais nourri, dans ses vastes forêts de chênes, la Daunie belliqueuse, tel que n'en produit pas la terre de Juba, aride patrie des lions.

CARMEN XXII.	ODE XXII.
AD ARISTIUM FUSCUM.	**A ARISTIUS FUSCUS.**
Fusce, integer vitæ	Fuscus, *l'homme* intègre dans *sa* vie
purusque sceleris	et pur de crime
non eget jaculis Mauris,	n'a pas besoin des javelots des Maures,
neque arcu, nec pharetra	ni de *leur* arc, ni de *leur* carquois
gravida sagittis venenatis;	chargé de traits empoisonnés;
facturus iter	devant-faire route
sive per Syrtes æstuosas,	soit à travers les Syrtes brûlantes,
sive per Caucasum	soit à travers le Caucase
inhospitalem,	inhospitalier,
vel loca quæ lambit	ou *à travers* les lieux que lèche (arrose)
Hydaspes fabulosus.	l'Hydaspe fabuleux.
Namque in silva Sabina	En effet dans la forêt Sabine
dum canto	tandis que je chante (je chantais)
meam Lalagen et vagor	ma *chère* Lalagé et *que* j'erre (je m'égarais)
ultra terminum	au delà de *toute* borne (trop loin)
expeditus curis,	dégagé de soucis,
lupus fugit me inermem;	un loup a fui moi étant-sans-armes;
portentum	*c'était* un monstre
quale neque Daunias	*tel* que ni la Daunie
militaris	belliqueuse
alit æsculetis latis,	n'*en* nourrit dans *ses* chênaies vastes,
nec tellus Jubæ,	ni la terre de Juba,
arida nutrix leonum,	aride nourrice des lions,
generat	n'*en* produit.

Pone me pigris ubi nulla campis
Arbor æstiva recreatur aura,
Quod latus mundi nebulæ malusque
Jupiter urget;
Pone sub curru nimium propinqui
Solis, in terra domibus negata:
Dulce ridentem Lalagen amabo,
Dulce loquentem.

Place-moi dans ces contrées engourdies par le froid où jamais le souffle de l'été ne ranime la verdure, dans cette partie du monde qu'assiégent les humides vapeurs d'un ciel en courroux; place-moi dans ces régions inhabitables qu'embrase le char brûlant du soleil trop voisin de la terre, toujours j'aimerai Lalagé, son doux parler, son doux sourire.

Pone me campis pigris	Place-moi dans les champs paresseux
ubi nulla arbor	où aucun arbre
recreatur aura æstiva,	n'est-rafraîchi par le souffle de l'été,
quod latus mundi	lequel flanc (laquelle partie) du monde
nebulæ	les brouillards
Jupiterque malus urget;	et Jupiter (un ciel) malfaisant assiégent;
pone sub curru solis	place-*moi* sous le char du soleil
nimium propinqui,	trop voisin *de la terre*,
in terra	sur *cette* terre
negata domibus:	refusée aux habitations (inhabitable):
amabo Lalagen	j'aimerai *toujours* Lalagé,
ridentem dulce,	qui rit avec-douceur,
loquentem dulce.	qui parle avec-douceur.

CARMEN XXIII.

AD CHLOEN.

Vitas hinnuleo me similis, Chloe,
Quærenti pavidam montibus aviis
  Matrem, non sine vano
  Aurarum et siluæ metu.
Nam seu mobilibus veris inhorruit
Adventus foliis, seu virides rubum
  Dimovere lacertæ,
  Et corde et genibus tremit.
Atqui non ego te, tigris ut aspera
Gætulusve leo[1], frangere persequor :
  Tandem desine matrem
  Tempestiva sequi viro.

ODE XXIII.

A CHLOÉ.

Chloé, tu m'évites, pareille au faon qui, cherchant sa mère inquiète, erre sur les monts escarpés, saisi d'une vague crainte des vents et de la forêt. Si le mobile feuillage frissonne aux premiers souffles du printemps, si le vert lézard agite les broussailles, il sent palpiter son cœur et trembler ses genoux. Et cependant, je ne te cherche pas, tel qu'un tigre farouche, tel qu'un lion de Gétulie pour te déchirer, ô Chloé. Cesse donc de suivre ta mère, ô jeune fille que l'âge a mûrie pour un amant.

CARMEN XXIII.	ODE XXIII.
AD CHLOEN.	A CHLOÉ.
Chloe, vitas me,	Chloé, tu évites moi,
similis hinnuleo	semblable au faon
quærenti matrem pavidam	qui cherche *sa* mère éperdue
montibus aviis,	sur les montagnes impraticables,
non sine metu vano	non sans une crainte vaine
aurarum et siluæ.	des vents et de la forêt.
Nam seu adventus	Car soit que l'arrivée (le premier souffle)
veris	du printemps
inhorruit	se soit dressé (ait fait courir un frisson)
foliis mobilibus,	dans les feuilles mobiles,
seu lacertæ virides	soit que les lézards verts
dimovere rubum,	aient écarté les ronces,
tremit	il tremble
et corde et genibus.	et du cœur et des genoux.
Atqui non ego persequor	Cependant je ne *te* poursuis pas
te frangere,	*pour* te déchirer,
ut tigris aspera	comme un tigre farouche
leove Gætulus:	ou un lion de Gétulie :
desine tandem	cesse enfin
sequi matrem	de suivre *ta* mère
tempestiva viro.	*toi déjà* mûre pour un homme (nubile).

CARMEN XXIV.

AD VIRGILIUM.

Quis desiderio sit pudor aut modus
Tam cari capitis? Præcipe lugubres
Cantus, Melpomene, cui liquidam pater
Vocem cum cithara dedit.
Ergo Quintilium[1] perpetuus sopor
Urget! cui Pudor, et Justitiæ soror,
Incorrupta Fides, nudaque Veritas
Quando ullum inveniet parem?
Multis ille bonis flebilis occidit,
Nulli flebilior quam tibi, Virgili.
Tu frustra pius, heu! non ita creditum
Poscis Quintilium deos.
Quod si Threicio blandius Orpheo
Auditam moderere arboribus fidem,
Non vanæ redeat sanguis imagini,
Quam virga semel horrida,
Non lenis precibus fata recludere,
Nigro compulerit Mercurius gregi.
Durum; sed levius fit patientia,
Quidquid corrigere est nefas.

ODE XXIV.

A VIRGILE.

Peut-on rougir, peut-on cesser de pleurer une tête si chère? Inspire-moi des chants lugubres, ô Melpomène, toi qui reçus de ton père une lyre et une voix harmonieuse. C'en est donc fait! Quintilius est enseveli dans un éternel sommeil! Honneur, bonne Foi, incorruptible sœur de la Justice, Vérité sans fard, quand trouverez-vous un mortel qui lui ressemble? Il meurt digne d'être pleuré par tous les gens de bien; mais aucun ne lui doit plus de larmes que toi, cher Virgile. Hélas! c'est en vain que ta tendresse redemande aux dieux un ami qu'ils ne t'avaient pas confié pour toujours. Quand avec plus de douceur qu'Orphée sur les monts de la Thrace, tu ferais parler un luth écouté des arbres attentifs, la vie ne ranimerait pas une ombre vaine, dès qu'une fois Mercure, insensible à la voix qui le prie de révoquer les destins, l'a poussée, avec sa baguette terrible, au milieu du noir troupeau. Sort cruel! mais la patience adoucit les maux qu'on ne saurait guérir.

CARMEN XXIV.	ODE XXIV.
AD VIRGILIUM.	A VIRGILE.
Quis pudor aut modus	Quelle honte ou *quelle* mesure
sit desiderio	serait dans le regret
capitis tam cari?	d'une tête si chère?
Præcipe cantus lugubres,	Enseigne-*moi* des chants lugubres,
Melpomene, cui pater	Melpomène, *toi* à qui *ton* père
dedit vocem liquidam	a donné une voix mélodieuse
cum cithara.	avec une lyre.
Ergo sopor perpetuus	*Ainsi* donc un sommeil éternel
urget Quintilium! cui	pèse sur Quintilius! à qui
quando Pudor	quand l'Honneur
et soror Justitiæ,	et la sœur de la Justice,
Fides incorrupta,	la Bonne-foi incorruptible,
Veritasque nuda	et la Vérité nue
inveniet ullum parem?	trouveront-elles aucun *homme* pareil?
Ille occidit flebilis	Il est mort digne-d'être-pleuré
multis bonis,	par beaucoup de gens-de-bien,
flebilior nulli	*mais* plus digne-d'-être-pleuré par per-
quam tibi, Virgili.	que par toi, Virgile. [sonne
Tu pius frustra, heu!	Toi aimant en vain, hélas!
poscis deos Quintilium	tu redemandes aux dieux Quintilius
non creditum	non confié *à toi*
ita.	ainsi (pour le garder toujours).
Quod si moderere	Quand-bien-même tu toucherais
blandius	avec-plus-de-douceur
Orpheo Threicio	qu'Orphée de-Thrace
fidem auditam arboribus,	une lyre écoutée des arbres,
sanguis non redeat	le sang ne reviendrait pas
imagini vanæ,	à une ombre vaine,
quam virga horrida	que de *sa* baguette terrible
Mercurius,	Mercure,
non lenis	non facile
recludere fata	à rouvrir les destinées (rendre la vie)
precibus,	pour des prières (quand on le prie),
compulerit semel	aurait réunie une fois
gregi nigro.	à *son* troupeau noir.
Durum; sed quidquid	Chose pénible; mais tout ce que
est nefas corrigere	il est impossible de corriger (changer)
fit levius patientia.	devient plus léger par la patience.

CARMEN XXV.

AD LYDIAM.

Parcius junctas quatiunt fenestras
Ictibus crebris juvenes protervi,
Nec tibi somnos adimunt, amatque
Janua limen,
Quæ prius multum facilis movebat
Cardines. Audis minus et minus jam :
« Me tuo longas pereunte noctes,
Lydia, dormis ! »
Invicem mœchos anus arrogantes
Flebis in solo levis angiportu,
Thracio bacchante magis sub inter-
lunia vento[1] ;
Quum tibi flagrans amor, et libido,
Quæ solet matres furiare equorum[2],
Sæviet circa jecur ulcerosum,
Non sine questu,
Læta quod pubes hedera virenti
Gaudeat pulla magis atque myrto,
Aridas frondes hiemis sodali
Dedicet Hebro.

ODE XXV.

A LYDIE.

Déjà nos jeunes libertins assiégent plus rarement de coups redoublés tes fenêtres closes ; ils cessent de troubler ton sommeil, et ta porte qui, tournant sur ses gonds, s'ouvrait autrefois si facile, est maintenant fidèle à son seuil. De jour en jour arrivent moins fréquemment à ton oreille ces mots de désespoir : « Tu dors, ô Lydie, et moi, moi qui t'adore, je me meurs sous le froid des longues nuits ! » Bientôt, vieille et sans charmes, on te verra, errant dans nos étroites rues, sous un ciel où la lune est voilée, et grelottant au souffle du vent du nord, pleurer, dédaignée à ton tour par les amants. Alors ton cœur ulcéré brûlera de tous les feux qui allument la fureur des cavales, et, malheureuse, tu gémiras en voyant la vive et folâtre jeunesse préférer, pour ses couronnes, le lierre verdoyant au myrte noir, et jeter les feuilles flétries à l'Hèbre, triste compagnon de l'hiver.

CARMEN XXV.	ODE XXV.
AD LYDIAM.	A LYDIE.
Juvenes protervi	Les jeunes libertins
quatiunt parcius	frappent plus rarement
ictibus crebris	de coups fréquents
fenestras junctas,	*tes* fenêtres fermées,
nec adimunt tibi somnos,	et n'ôtent pas à toi le sommeil,
januaque	et la porte
amat limen,	aime le seuil (reste attachée au seuil, fermée),
quæ prius multum facilis	*elle* qui auparavant très-facile
movebat cardines.	mouvait *ses* gonds (roulait sur les gonds).
Audis jam minus et minus:	Tu entends déjà *dire* de moins en moins :
« Lydia, dormis,	« Lydie, tu dors,
me tuo pereunte	moi tien (qui t'aime) périssant de *froid*
longas noctes ! »	*pendant* de longues nuits ! »
Anus	*Devenue* vieille-femme
levis in angiportu solo	errante dans une rue déserte
flebis invicem	tu pleureras à-ton-tour
mœchos arrogantes,	les amants dédaigneux,
vento Thracio	le vent de Thrace (Borée)
bacchante magis	sévissant davantage
sub interlunia;	pendant les absences-de-lune ;
quum amor flagrans,	lorsque l'amour brûlant,
et libido,	et la passion,
quæ solet furiare	qui a-coutume de mettre-en-fureur
matres equorum,	les mères des chevaux,
sæviet tibi	sévira à (en) toi
circa jecur ulcerosum,	autour de *ton* foie (cœur) ulcéré,
non sine questu,	non sans plainte (te plaignant),
quod pubes læta	de ce que la jeunesse joyeuse
gaudeat hedera virenti	se réjouit du lierre verdoyant
magis atque myrto pulla,	plutôt que du myrte noirâtre,
dedicet frondes aridas	*et* livre les feuilles sèches
Hebro sodali hiemis.	à l'Hèbre compagnon de l'hiver.

CARMEN XXVI.

ÆLIUS LAMIA.

Musis amicus tristitiam et metus
Tradam protervis[1] in mare Creticum
Portare ventis, quis sub Arcto
Rex gelidæ metuatur oræ,
Quid Tiridaten[2] terreat, unice
Securus. O, quæ fontibus integris
Gaudes, apricos[3] necte flores,
Necte meo Lamiæ coronam,
Pimplea dulcis! Nil sine te mei
Prosunt honores; hunc fidibus novis,
Hunc Lesbio sacrare plectro[4]
Teque tuasque decet sorores.

ODE XXVI.

ÉLIUS LAMIA.

Ami des Muses, j'abandonne aux caprices des vents la tristesse et les craintes ; qu'ils les emportent sur les flots de la Crète. Quel roi se fait redouter dans les régions glacées de l'Ourse ; d'où naît l'effroi de Tiridate? voilà des sujets qui me laissent bien tranquille. Toi qui aimes les sources vierges encore, douce fille du mont Pimplée, ô Muse, viens cueillir les fleurs aimées du soleil, et tresse une couronne pour mon cher Lamia. Sans toi que peuvent mes hommages? C'est à toi, c'est à tes sœurs de saisir la lyre de Lesbos et de le célébrer par des accords nouveaux.

CARMEN XXVI.

ÆLIUS LAMIA.

Amicus musis,
tradam ventis protervis
tristitiam et metus
portare
in mare Creticum,
securus unice
quis rex oræ gelidæ
metuatur sub Arcto,
quid terreat Tiridaten.
O dulcis Pimplea,
quæ gaudes
fontibus integris,
necte flores apricos,
necte coronam meo Lamiæ!
Sine te mei honores
prosunt nil;
decet teque tuasque sorores
sacrare hunc
fidibus novis,
hunc
plectro Lesbio.

ODE XXVI.

ÆLIUS LAMIA.

Ami des muses,
je livrerai (livre) aux vents capricieux
la tristesse et la crainte
à porter (pour les emporter)
dans la mer de-la-Crète,
tranquille tout-à-fait (m'inquiétant peu)
quel roi d'une contrée froide
est craint sous l'Ourse,
et quelle chose épouvante Tiridate.
O douce (chère) habitante-du-Pimplée,
toi qui aimes
les sources pures,
tresse des fleurs favorisées-du-soleil,
tresse une couronne pour mon Lamia!
Sans toi mes hommages
ne servent de rien :
il convient et à toi et à tes sœurs
de consacrer (immortaliser) lui
par des accords nouveaux,
d'immortaliser lui
avec l'archet de-Lesbos.

CARMEN XXVII.

AD SODALES.

Natis in usum lætitiæ scyphis
Pugnare Thracum est[1] : tollite barbarum
Morem, verecundumque Bacchum
Sanguineis prohibete rixis.
Vino et lucernis Medus acinaces
Immane quantum[2] discrepat! Impium
Lenite clamorem, sodales,
Et cubito remanete presso.
Vultis severi me quoque sumere
Partem Falerni? dicat Opuntiæ
Frater Megillæ, quo beatus
Vulnere, qua pereat sagitta.
Cessat voluntas? Non alia bibam
Mercede. Quæ te cumque domat Venus,
Non erubescendis adurit

ODE XXVII.

A SES AMIS.

Les coupes consacrées à la joie ne sont une arme de fureur qu'entre les mains des Thraces. Loin de nous ces mœurs barbares! que des libations modérées nous préservent de ces sanglantes querelles dont rougirait Bacchus. Le cimeterre du Mède au milieu des flacons et des flambeaux, quel horrible contraste! Mes amis, étouffez vos clameurs sacriléges, et demeurez le coude sur la table. Voulez-vous que je prenne ma part de ce rude Falerne? Eh bien! que le frère de Mégille d'Oponte me dise d'où est parti le trait mortel dont il chérit la blessure. Hésite-t-il? Je ne bois pourtant qu'à ce prix. Quelle que soit la beauté qui t'enflamme, tu n'as sans doute pas à rougir de l'objet

CARMEN XXVII. — ODE XXVII.

AD SODALES. — A *SES* AMIS.

Est Thracum	C'est *une coutume* des Thraces
pugnare scyphis	de combattre avec des coupes
natis	nées (faites)
in usum lætitiæ :	pour l'usage de la joie :
tollite morem barbarum,	retranchez *cette* coutume barbare,
prohibeteque	et écartez
rixis sanguineis	de rixes sanglantes
Bacchum verecundum.	Bacchus (un vin) modéré.
Quantum immane	Combien prodigieusement
acinaces Medus	le cimeterre du-Mède
discrepat vino et lucernis!	est déplacé avec le vin et les flambeaux!
Sodales,	Amis,
lenite clamorem impium,	apaisez *ces* cris impies,
et remanete	et restez
cubito presso.	le coude appuyé *sur le lit de table.*
Vultis	Voulez-vous
me sumere quoque	moi prendre (que je prenne) aussi
partem Falerni severi?	*ma* part de *ce* Falerne âpre?
frater Megillæ Opuntiæ	que le frère de Mégilla d'-Oponte
dicat quo vulnere	*me* dise par quelle blessure
beatus,	*il est* heureux,
qua sagitta pereat.	de quel trait il meurt.
Voluntas cessat?	*Sa* volonté tarde-t-elle (hésite-t-il)?
Non bibam alia mercede.	Je ne boirai pas à une autre condition.
Quæcumque Venus	Quelle que soit la passion qui
domat te,	dompte toi,
non adurit	elle ne *t'*enflamme pas

Ignibus, ingenuoque semper
Amore peccas. Quidquid habes, age,
Depone tutis auribus. Ah! miser,
Quanta laborabas Charybdi,
Digne puer meliore flamma!
Quæ saga, quis te solvere Thessalis
Magus venenis, quis poterit deus?
Vix illigatum te triformi
Pegasus[3] expediet Chimæra.

de tes feux : tu ne cèdes jamais qu'à un amour honnête. Allons, dépose ton secret dans une oreille fidèle... Ah! malheureux! dans quel gouffre as-tu plongé ce cœur digne d'un plus beau nœud! Quelle magicienne, quel enchanteur armé de tous les philtres de la Thessalie, quel dieu brisera tes fers? Pégase lui-même pourrait à peine t'arracher des griffes de la Chimère au triple corps qui te tient enchaîné.

ignibus erubescendis,	par des feux dont-il-faille-rougir,
peccasque semper	et tu pèches toujours
amore ingenuo.	par un amour honnête.
Age, quidquid habes,	Allons, tout-ce-que tu as (tes secrets),
depone	dépose-*la*
auribus tutis.	dans des oreilles sûres (discrètes).
Ah! miser,	Ah! malheureux,
quanta Charybdi	dans quelle Charybde (quel gouffre)
laborabas,	tu te débattais,
puer digne	enfant digne
flamma meliore!	d'une flamme meilleure (plus belle)!
Quæ saga, quis magus	Quelle magicienne, quel enchanteur
venenis Thessalis,	avec les philtres de-la-Thessalie,
quis deus poterit solvere te?	quel dieu pourra délivrer toi?
Pegasus expediet vix te	Pégase dégagera à peine toi
illigatum Chimæra	enlacé par *cette* Chimère
triformi.	aux-trois-corps

CARMEN XXVIII.

ARCHYTAS.

NAUTA.

Te maris et terræ numeroque carentis arenæ
Mensorem cohibent, Archyta[1],
Pulveris exigui prope littus parva Matinum[2]
Munera, nec quidquam tibi prodest
Aerias tentasse domos, animoque rotundum
Percurrisse polum, morituro.

ARCHYTAS.

Occidit et Pelopis genitor, conviva deorum,
Tithonusque remotus in auras,
Et Jovis arcanis Minos admissus, habentque
Tartara Panthoiden[3], iterum Orco
Demissum, quamvis clypeo Trojana refixo
Tempora testatus, nihil ultra
Nervos atque cutem morti concesserat atræ,
Judice te, non sordidus auctor

ODE XXVIII.

ARCHYTAS.

LE MATELOT.

Toi qui mesurais la terre et les mers, qui calculais les grains innombrables de sable, ô Archytas, ton ombre retenue près du rivage de Matinum réclame le bienfait d'un peu de poussière. Que te sert d'avoir pénétré dans les célestes demeures, d'avoir parcouru, de l'œil de la pensée, la sphère du monde ? tu devais mourir.

ARCHYTAS.

Il est mort aussi, le père de Pélops, le convive des dieux, et Tithon enlevé dans les airs, et Minos admis aux conseils de Jupiter. Le Tartare renferme le fils de Panthoüs, descendu une seconde fois aux enfers. En vain son bouclier détaché du temple attestait que le guerrier Troyen n'avait cédé que son corps au trépas : il est mort, cet homme que tu regardes comme un ingénieux interprète de la nature

CARM. XXVIII.

ARCHYTAS.

NAUTA.

Parva munera
exigui pulveris
cohibent te, Archyta,
prope littus Matinum
mensorem maris et terræ
arenæque
carentis numero,
nec prodest quidquam tibi
tentasse domos
aerias
percurrisseque animo
polum rotundum,
morituro.

ARCHYTAS.

Occidit
et genitor Pelopis,
conviva deorum,
Tithonusque
remotus in auras,
et Minos
admissus arcanis Jovis,
Tartaraque habent
Panthoiden
demissum iterum Orco,
quamvis testatus
clypeo refixo
tempora Trojana,
concesserat nihil atræ morti
ultra
nervos atque cutem,
te judice,
non sordidus auctor

ODE XXVIII.

ARCHYTAS.

LE MATELOT.

Le petit bienfait [*corps*
d'un-peu-de poussière *qui manque à ton*
retient toi, Archytas,
auprès du rivage de-Matinum
toi qui-mesurais la mer et la terre
et les grains-de-sable
manquant de nombre (innombrables),
et il ne sert en rien à toi
d'avoir sondé les demeures
aériennes (célestes)
et d'avoir parcouru avec *ton* esprit
le pôle arrondi *du monde*,
à *toi* devant-mourir.

ARCHYTAS.

Il est mort *aussi*
et le père de Pélops,
convive des dieux,
et Tithon
enlevé dans les airs,
et Minos
admis aux secrets de Jupiter,
et le Tartare a (renferme)
le-fils-de-Panthoüs
descendu une-seconde-fois à l'Orcus,
quoique attestant
par son bouclier détaché *des trophées*
qu'il avait vu les temps de-Troie,
il n'eût rien abandonné au noir trépas
hormis
ses nerfs et *sa* peau (son corps),
lui qui, toi *étant* juge (à ton jugement),
n'*était* pas un méprisable interprète

Naturæ verique. Sed omnes una manet nox,
Et calcanda semel via leti.
Dant alios Furiæ torvo spectacula Marti;
Exitio est avidum mare nautis;
Mixta senum ac juvenum densentur funera, nullum
Sæva caput Proserpina fugit.
Me quoque devexi rapidus comes Orionis
Illyricis[4] Notus obruit undis.
At tu, nauta, vagæ ne parce malignus arenæ
Ossibus et capiti inhumato
Particulam dare. Sic, quodcumque minabitur Eurus
Fluctibus Hesperiis[5], Venusinæ[6]
Plectantur silvæ, te sospite, multaque merces,
Unde potest, tibi defluat æquo
Ab Jove Neptunoque sacri custode Tarenti.

et de la vérité. La même nuit nous attend tous, tous, nous devons fouler une fois le chemin de la mort. Le guerrier expirant est un spectacle offert par les Furies au dieu des combats ; le nautonnier trouve sa fin dans l'avide Océan. Les funérailles de la vieillesse et de l'enfance se pressent et se confondent ; nulle tête n'échappe à l'impitoyable Proserpine. Moi-même, je viens d'être englouti dans les ondes d'Illyrie par la fureur du Notus, qui toujours accompagne l'Orion à son coucher. Nocher, ne sois pas assez cruel pour refuser à ces os, à cette tête sans sépulture, une poignée de ce sable mouvant. Puissent, pour un tel bienfait, toutes les menaces de l'Eurus contre les flots de l'Hespérie éclater sur les forêts de Venouse, et respecter ta vie ! Puisse Jupiter, juste rémunérateur, et Neptune, gardien des murs sacrés de Tarente, faire pleuvoir sur toi tous les biens ! Oserais-

naturæ verique.	de la nature et de la vérité.
Sed una nox	Mais une-même nuit
manet omnes,	attend nous *tous*,
et via leti	et le chemin de la mort
calcanda semel.	*est* devant-être-foulé une-fois *par nous*.
Furiæ dant alios	Les Furies donnent les uns
spectacula torvo Marti;	*comme* spectacle au farouche Mars ;
mare avidum	la mer avide [tit);
est exitio nautis;	est à-ruine aux nautonniers (les englou-
funera senum	les funérailles des vieillards
ac juvenum	et des jeunes-gens ,
densentur mixta,	s'accumulent étant-mêlées,
sæva Proserpina	la cruelle Proserpine
fugit nullum caput.	n'évite (ne laisse échapper) aucune tête.
Notus	Le vent-du-midi
rapidus comes	impétueux compagnon
Orionis devexi	d'Orion à-son-coucher
obruit me quoque	a englouti moi aussi
undis Illyricis.	dans les flots d'Illyrie.
At tu, nauta,	Mais toi, nautonnier,
ne parce malignus	ne refuse pas cruel (avec cruauté)
dare ossibus	de donner à *mes* os
et capiti inhumato	et à *ma* tête sans-sépulture
particulam arenæ	une petite-partie de *ce* sable
vagæ.	dispersé *par le vent*.
Sic silvæ Venusiæ	Qu'ainsi les forêts de-Venouse
plectantur,	soient battues,
te sospite,	toi étant-sain-et-sauf,
quodcumque	de tout-ce-que (toutes les tempêtes dont)
Eurus minabitur fluctibus	l'Eurus menacera les flots
Hesperiis,	d'-Hespérie,
multaque merces	et qu'un grand gain
defluat tibi	découle (vienne à toi)
ab Jove æquo,	de Jupiter favorable,
unde potest,	d'où (de qui) il peut *venir*,
Neptunoque	et de Neptune
custode sacri Tarenti.	gardien de la *ville* sacrée *de* Tarente.

Negligis immeritis nocituram
Postmodo te natis fraudem committere? Fors et
Debita jura vicesque superbæ
Te maneant ipsum : precibus non linquar inultis
Teque piacula nulla resolvent.
Quanquam festinas, non est mora longa; licebit
Injecto ter pulvere curras.

tu commettre un sacrilége qu'expieraient un jour tes neveux innocents ? Peut-être subiras-tu toi-même un châtiment mérité et de pareils mépris. Non, si tu m'abandonnes, mes imprécations ne seront pas sans effet : nul sacrifice ne rachètera ton crime. Quelque pressé que tu sois, il ne te faut pas beaucoup de temps. Jette trois fois sur mon corps un peu de poussière, et vogue ensuite à ton gré.

'egligis	Te soucies-tu-peu [une faute
committere fraudem	toi commettre (de ce que tu commettes)
ocituram postmodo	devant nuire un jour
atis immeritis?	à *tes* enfants innocents?
ors et	Peut-être qu'aussi
ıra debita	une justice (peine) qui-*t*'est-due
icesque superbæ	et un retour *de fortune* superbe (rigoureux)
ıaneant te ipsum :	attendent toi-même :
on linquar	je ne serai pas abandonné
recibus inultis,	*mes* prières étant-non-vengées,
ıullaque piacula	et aucune expiation
esolvent te.	ne rachètera toi.
Quanquam festinas,	Quoique tu te hâtes (tu sois pressé),
nora non est longa;	le retard n'est pas long;
icebit	il sera permis
urras,	que tu coures (vogues),
ulvere injecto ter.	de la poussière ayant-été-jetée trois fois.

CARMEN XXIX.

AD ICCIUM.

Icci[1], beatis nunc Arabum invides
Gazis, et acrem militiam paras
Non ante devictis Sabææ[2]
Regibus, horribilique Medo
Nectis catenas! Quæ tibi virginum,
Sponso necato, barbara serviet?
Puer quis ex aula capillis
Ad cyathum statuetur unctis,
Doctus sagittas tendere Sericas
Arcu paterno? Quis neget arduis
Pronos relabi posse rivos
Montibus, et Tiberim reverti,
Quum tu coemtos undique nobilis
Libros Panæti[3], Socraticam et domum
Mutare loricis Hiberis[4],
Pollicitus meliora, tendis?

ODE XXIX.

A ICCIUS.

Iccius, les riches trésors de l'Arabie sont donc maintenant l'objet de ton envie? tu prépares une guerre cruelle aux rois invaincus de Saba, et tu forges des chaînes au Mède farouche. Quelle est la jeune barbare qui, pleurant son amant immolé, deviendra ton esclave? Quel est le jeune prince, habile à lancer la flèche des Sères sur l'arc paternel, que tu choisiras dans la cour des vaincus pour venir, les cheveux parfumés d'essences, te présenter la coupe? Qui niera désormais que les ruisseaux descendus des montagnes ne puissent remonter à leur cime et le Tibre retourner à sa source, quand, après avoir rassemblé de toutes parts les nobles écrits de Panétius et des disciples de Socrate, tu veux les échanger aujourd'hui contre la cuirasse Ibérienne, et démentir ainsi de plus hautes espérances?

CARMEN XXIX.

AD ICCIUM.

Icci, invides nunc
beatis gazis Arabum,
et paras militiam acrem
regibus Sabææ
non devictis ante,
nectisque catenas
Medo horribili!
Quæ barbara
virginum,
sponso necato,
serviet tibi?
Quis puer ex aula
doctus tendere
sagittas Sericas
arcu paterno
statuetur
ad cyathum
capillis unctis?
Quis neget rivos
pronos montibus arduis
posse relabi,
et Tiberim reverti,
quum tu,
pollicitus meliora,
tendis
mutare loricis Hiberis
libros nobilis Panæti
coemtos undique,
et domum Socraticam?

ODE XXIX.

A ICCIUS.

Iccius, tu envies *donc* maintenant
les riches trésors des Arabes,
et tu prépares une guerre cruelle
aux rois de Sabæ
non vaincus auparavant,
et tu entrelaces des chaînes
pour le Mède farouche!
Quelle *vierge* barbare
d'entre les vierges *barbares*,
son fiancé étant tué,
sera-l'esclave de toi?
Quel enfant *tiré* de la cour *des vaincus*
habile à tendre
les flèches des-Sères
sur l'arc paternel
sera placé (se tiendra)
auprès de *ta* coupe
ses cheveux étant-parfumés?
Qui niera les ruisseaux
descendant des montagnes escarpées
pouvoir remonter *à la cime*,
et le Tibre retourner *vers sa source*,
lorsque toi,
ayant promis de meilleures choses,
tu tends (tu aspires)
à échanger contre des cuirasses d'-Ibérie
les écrits du noble Panétius
achetés de-tous-côtés,
et *les écrits de* la secte de-Socrate?

CARMEN XXX.

AD VENEREM.

O Venus, regina Cnidi Paphique[1],
Sperne dilectam Cypron, et vocantis
Ture te multo Glyceræ decoram
Transfer in ædem.
Fervidus tecum puer, et solutis
Gratiæ zonis, properentque Nymphæ,
Et parum comis sine te Juventas,
Mercuriusque.

ODE XXX.

A VÉNUS.

Reine de Gnide et de Paphos, ô Vénus, abandonne ton île favorite, et viens dans la riante demeure de Glycère où t'appellent des flots d'encens. Que sur tes pas se pressent l'enfant aux traits de feu, les Grâces libres de leur ceinture, les Nymphes, Mercure, et la Jeunesse qui sans toi n'a pas de charmes.

CARMEN XXX.

AD VENEREM.

O Venus,
regina Cnidi Paphique,
sperne Cypron dilectam,
et transfer te
in ædem decoram
Glyceræ vocantis
ture multo.
Tecum properent
puer fervidus,
et Gratiæ zonis solutis,
Nymphæque, et Juventas
parum comis sine te,
Mercuriusque.

ODE XXX.

A VÉNUS.

O Vénus,
reine de Gnide et de Paphos,
méprise (quitte) *ta* Cypre chérie,
et transporte-toi
dans la demeure brillante
de Glycère qui *t'*appelle
par un encens abondant.
Qu'avec toi s'empressent *de venir*
l'enfant (l'Amour) brûlant,
et les Grâces aux ceintures déliées,
et les Nymphes, et la Jeunesse
peu affable (peu aimable) sans toi,
et Mercure.

CARMEN XXXI.

AD APOLLINEM.

Quid dedicatum poscit Apollinem[1]
Vates? quid orat de patera novum
Fundens liquorem? Non opimæ
Sardiniæ segetes feraces[2],
Non æstuosæ grata Calabriæ
Armenta, non aurum, aut ebur Indicum,
Non rura, quæ Liris[3] quieta
Mordet aqua, taciturnus amnis.
Premant Calena falce quibus dedit
Fortuna vitem; dives et aureis
Mercator exsiccet culullis
Vina Syra reparata merce,
Dis carus ipsis, quippe ter et quater
Anno revisens æquor Atlanticum

ODE XXXI.

A APOLLON.

Quels vœux le poëte adresse-t-il à Apollon, le jour qu'on lui consacre un nouveau temple? Quels biens lui demande-t-il en épanchant de sa coupe les prémices du vin? Ce ne sont pas les riches moissons de la fertile Sardaigne, ni les superbes troupeaux de la brûlante Calabre, ni l'or ni l'ivoire de l'Inde, ni les campagnes que le Liris mine sourdement de son onde paisible. Qu'armés de la faucille ils taillent leur vigne, ceux à qui la fortune a donné les coteaux de Calès; qu'il épuise dans ses coupes d'or les vins échangés contre les parfums de la Syrie, le riche marchand protégé des dieux : chaque année il revoit impunément trois et quatre fois l'Atlantique. Pour

CARMEN XXXI.	ODE XXXI.
AD APOLLINEM.	A APOLLON.
Quid poscit vates	Que demande le poëte
Apollinem dedicatum?	à Apollon dédié (honoré d'un nouveau
quid orat	que sollicite-t-il [temple)?
fundens de patera	en répandant de *sa* coupe
liquorem novum?	un vin nouveau? [ches)
Non segetes feraces	*Il* ne *demande* pas les moissons fertiles (ri-
Sardiniæ opimæ,	de la Sardaigne féconde,
non grata armenta	ni les agréables troupeaux
æstuosæ Calabriæ,	de la brûlante Calabre,
non aurum,	ni l'or,
aut ebur Indicum,	ou l'ivoire des-Indes,
non rura,	ni les campagnes,
quæ Liris,	que le Liris,
amnis taciturnus,	fleuve silencieux,
mordet aqua quieta.	ronge de *son* eau tranquille.
Premant vitem	Qu'ils taillent la vigne
falce Calena,	avec la faucille de-Calès,
quibus fortuna dedit;	*ceux* à qui la fortune a donné *des vignes;*
et dives mercator	et que le riche marchand
exsiccet	mette-à-sec (vide)
culullis aureis	dans des coupes d'-or
vina reparata	les vins échangés
merce Syra,	contre les produits de-Syrie,
carus dis ipsis,	cher aux dieux mêmes,
quippe revisens	en tant que revoyant (car il revoit)
impune	impunément
æquor Atlanticum	la mer Atlantique
ter et quater anno.	trois et quatre-fois *chaque* année.

Impune. Me pascunt olivæ,
Me cichorea levesque malvæ.
Frui paratis, et valido mihi,
Latoe, dones, et precor integra
Cum mente nec turpem senectam
Degere nec cithara carentem.

moi, je vis d'olives, de chicorée et de mauves légères. Fils de Latone, laisse-moi, je t'en conjure, jouir du peu que je possède; fais que, toujours sain et de corps et d'esprit, je vieillisse sans ternir ma gloire, sans déposer ma lyre.

Olivæ pascunt me,	Les olives servent-de-nourriture à moi,
cichorea me,	la chicorée *sert-de nourriture* à moi,
malvæque leves.	et (ainsi que) la mauve légère.
Latoe, precor,	Fils-de-Latone, je *t'*en prie,
dones mihi et valido,	accorde à moi et me-portant-bien,
et cum mente integra,	et avec (ayant) un esprit sain,
frui paratis,	*accorde-moi* de jouir des *biens* acquis,
nec degere senectam turpem	et de ne pas mener une vieillesse honteuse
nec carentem	ni dépourvue de (forcée de renoncer à)
cithara.	la lyre.

CARMEN XXXII.

AD LYRAM.

Poscimur. Si quid vacui sub umbra
Lusimus tecum, quod et hunc in annum
Vivat et plures, age, dic Latinum,
Barbite, carmen,
Lesbio primum modulate civi[1];
Qui ferox bello, tamen inter arma,
Sive jactatam religarat udo
Littore navim,
Liberum et Musas, Veneremque et illi
Semper hærentem puerum canebat,
Et Lycum nigris oculis, nigroque
Crine decorum.
O decus Phœbi, et dapibus supremi
Grata testudo Jovis, o laborum
Dulce lenimen, mihi cumque salve
Rite vocanti!

ODE XXXII.

A SA LYRE.

On veut que nous chantions, ô ma lyre! Si, dans mes loisirs, en me jouant sous l'ombrage avec toi, je modulai des airs dignes de vivre cette année et quelques autres encore, allons, fais entendre des chants Latins, toi qu'anima le premier sous ses doigts ce poëte guerrier de Lesbos qui, soit au milieu des armes, soit lorsqu'il attachait à l'humide rivage son esquif battu de la tempête, chantait Bacchus, les Muses, Vénus et l'enfant qui toujours l'accompagne, et le beau Lycus aux yeux noirs, à la noire chevelure. Gloire d'Apollon, délices des banquets du tout-puissant Jupiter, doux charme de mes peines, ô lyre, sois-moi favorable chaque fois que t'appellent mes vœux et mes hommages.

CARMEN XXXII.	ODE XXXII.
AD LYRAM.	A *SA* LYRE.
Poscimur.	Nous sommes invités *à chanter*.
Si vacui lusimus tecum	Si oisifs nous avons modulé avec toi
sub umbra	sous l'ombrage
quid, quod vivat	quelque chose, qui puisse vivre
et in hunc annum	et pendant cette année
et plures,	et *pendant* plusieurs *autres*,
age, dic carmen Latinum,	allons, fais-entendre un chant Latin,
barbite, modulate primum	ô lyre, touchée la-première-fois
civi Lesbio;	par le citoyen de-Lesbos;
qui ferox bello,	qui intrépide dans la guerre,
tamen inter arma,	cependant *soit* au milieu des armes,
sive religarat	soit *lorsqu'*il avait attaché
littore udo	au rivage humide
navim jactatam,	*son* vaisseau battu *par la tempête*,
canebat Liberum,	chantait Bacchus,
et Musas, Veneremque,	et les Muses, et Vénus,
et puerum	et l'enfant
hærentem semper illi,	qui s'attache toujours à elle,
et Lycum decorum	et Lycus beau
oculis nigris,	par *ses* yeux noirs,
crineque nigro.	et par *sa* chevelure noire.
O testudo, decus Phœbi,	O lyre, *toi qui es* la gloire de Phébus,
et grata	et *qui es* agréable
dapibus supremi Jovis,	dans les festins du grand Jupiter,
o dulce lenimen laborum,	ô douce consolation des peines,
salve	salut (sois prête)
cumque	en-toutes-circonstances
mihi vocanti rite.	pour moi *t'*invoquant selon-les-règles

CARMEN XXXIII.

AD ALBIUM TIBULLUM.

Albi[1], ne doleas plus nimio memor
Immitis Glyceræ, neu miserabiles
Decantes elegos, cur tibi junior
    Læsa præniteat fide.
Insignem tenui fronte[2] Lycorida
Cyri[3] torret amor; Cyrus in asperam
Declinat Pholoen; sed prius Apulis
    Jungentur capreæ lupis,
Quam turpi Pholoe peccet adultero.
Sic visum Veneri, cui placet impares
Formas atque animos sub juga ahenea
    Sævo mittere cum joco.
Ipsum me melior quum peteret Venus,
Grata detinuit compede Myrtale
Libertina, fretis acrior Hadriæ[4]
    Curvantis Calabros sinus.

ODE XXXIII.

A ALBIUS TIBULLE.

Trop fidèle au souvenir de la cruelle Glycère, ne pleure pas, Albius, et cesse de soupirer de plaintives élégies parce que, en faveur d'un amant plus jeune et plus beau que toi, elle a trahi la foi jurée. Lycoris, au front charmant, brûle pour Cyrus, et Cyrus la dédaigne et s'attache à l'intraitable Pholoé; mais on verra les chèvres s'unir aux loups d'Apulie avant que cet indigne amant triomphe de Pholoé. Ainsi l'a voulu Vénus, qui se fait un jeu cruel de réunir au même joug d'airain les âmes, les natures les plus diverses. Moi-même, tandis que de nobles amours sollicitaient mon cœur, Myrtale, une affranchie, m'a retenu dans ses chaînes aimées; Myrtale, plus intraitable que les flots de l'Adriatique qui creusent les golfes de la Calabre.

CARM. XXXIII.

AD ALBIUM TIBULLUM.

Albi,
ne doleas
memor plus nimio
immitis Glyceræ,
neu decantes
miserabiles elegos,
cur junior
præniteat tibi
fide læsa.
Amor Cyri
torret Lycorida
insignem fronte tenui;
Cyrus declinat
in asperam Pholoen;
sed capreæ jungentur
lupis Apulis
priusquam Pholoe
peccet
turpi adultero.
Sic visum Veneri,
cui placet mittere
cum joco sævo
sub juga ahenea
formas impares
atque animos.
Quum Venus melior
peteret me ipsum,
libertina, Myrtale,
detinuit compede grata,
acrior
fretis Hadriæ
curvantis
sinus Calabros.

ODE XXXIII.

A ALBIUS TIBULLE.

Albius,
ne t'afflige pas
te-souvenant plus que trop (plus qu'il ne [faut)
de la cruelle Glycère,
ou (et) ne répète pas
de plaintives élégies,
parce qu'un plus-jeune
brille plus (est trouvé plus beau) que toi
la foi *qu'on t'avait donnée* ayant été violée
L'amour de (pour) Cyrus
brûle Lycoris
remarquable par *son* front étroit;
Cyrus penche
vers la cruelle Pholoé;
mais les chèvres s'uniront
aux loups d'-Apulie
avant que Pholoé
pèche (se déshonore)
par un honteux amant.
Ainsi il a plu à Vénus,
à laquelle il plaît d'envoyer
avec un jeu cruel (en se jouant)
sous un joug d'-airain
des beautés inégales
et des inclinations *inégales*.
Lorsqu'une Vénus (amante) préférable
appelait moi-même,
une affranchie, Myrtale,
a retenu *moi* par des chaînes chéries,
Myrtale plus irritable
que les flots de l'Adriatique
qui courbe (forme en courbe, creuse)
les golfes de-Calabre.

CARMEN XXXIV.

AD DEORUM CULTUM REDITUS.

Parcus deorum cultor et infrequens,
Insanientis dum sapientiæ
Consultus[1] erro, nunc retrorsum
Vela dare atque iterare cursus
Cogor relictos : namque Diespiter,
Igni corusco nubila dividens
Plerumque, per purum tonantes
Egit equos volucremque currum;
Quo bruta tellus et vaga flumina,
Quo Styx et invisi horrida Tænari
Sedes Atlanteusque finis[2]
Concutitur. Valet ima summis
Mutare, et insignem attenuat deus,
Obscura promens; hinc apicem rapax
Fortuna cum stridore acuto
Sustulit, hic posuisse gaudet.

ODE XXXIV.

RETOUR AU CULTE DES DIEUX.

Négligent adorateur des dieux, et trop avare de mon encens, je m'égarais dans les voies d'une folle sagesse, mais aujourd'hui je suis forcé de tourner ma voile en arrière et de reprendre la route que j'avais abandonnée; car Jupiter, qui de ses feux étincelants entr'ouvre souvent les nues, a poussé dans un ciel serein ses chevaux tonnants et son char ailé. Au bruit de sa marche, la masse de la terre, les fleuves errants, le Styx et l'horrible séjour de l'odieux Ténare, et l'Atlas, borne du monde, tout s'ébranle. Oui, ce dieu peut, changeant tout à son gré, nous porter de l'abîme au faîte, éclipser ce qui brille et faire briller ce qui était dans l'obscurité. La Fortune, rapide ravisseur, se précipitant à grand bruit d'ailes, enlève d'ici une couronne et la dépose en riant sur un autre front.

CARM. XXXIV.	ODE XXXIV.
REDITUS AD CULTUM DEORUM.	**RETOUR AU CULTE DES DIEUX.**
Cultor parcus	Adorateur négligent
et infrequens deorum,	et rare des dieux,
dum erro	tandis que je m'égare (je m'égarais)
consultus	imbu
insanientis sapientiæ,	d'une folle sagesse,
nunc cogor	maintenant je-suis-forcé
dare vela	de donner *mes* voiles (faire voile)
retrorsum,	en-arrière,
atque iterare	et de reprendre
cursus relictos :	la route abandonnée *par moi :*
namque Diespiter,	car le-père-du-jour (Jupiter),
dividens plerumque nubila	séparant presque-toujours les nuages
igni corusco,	de *son* feu brillant,
egit per purum	a poussé à travers un *ciel* pur
equos tonantes	*ses* chevaux tonnants
currumque volucrem ;	et *son* char ailé ;
quo tellus bruta	par lequel *char* la terre pesante
concutitur,	est ébranlée,
et flumina vaga,	et (ainsi que) les fleuves errants,
quo Styx,	par lequel le Styx *est ébranlé*
et sedes horrida	et (ainsi que) le séjour horrible
invisi Tænari	de l'odieux Ténare [monde).
finisque Atlanteus.	et la limite de-l'Atlas (l'Atlas, limite du
Deus valet mutare	Dieu (Jupiter) peut changer
ima	les plus petites choses
summis,	en les plus grandes,
et attenuat insignem	et il abaisse l'*homme* puissant
promens obscura ;	en élevant ce qui-est-obscur ;
fortuna rapax	la fortune qui-saisit-rapidement
sustulit hinc apicem	a enlevé de là une couronne
cum stridore acuto,	avec un bruit sifflant *de ses ailes*,
gaudet posuisse hic.	*et* se réjouit de l'avoir placée ici.

CARMEN XXXV.

AD FORTUNAM.

O Diva, gratum quæ regis Antium[1],
Præsens vel imo tollere de gradu
Mortale corpus, vel superbos
Vertere funeribus triumphos,
Te pauper ambit sollicita prece
Ruris colonus, te dominam æquoris,
Quicumque Bithyna[2] lacessit
Carpathium[3] pelagus carina.
Te Dacus asper, te profugi Scythæ,
Urbesque, gentesque, et Latium ferox,
Regumque matres barbarorum et
Purpurei metuunt tyranni,
Injurioso ne pede proruas
Stantem columnam, neu populus frequens
Ad arma cessantes, ad arma
Concitet, imperiumque frangat.
Te semper anteit sæva Necessitas,
Clavos trabales et cuneos manu
Gestans ahena, nec severus
Uncus abest liquidumque plumbum.

ODE XXXV.

A LA FORTUNE.

Déesse qui règnes sur le riant Antium, toi qui peux élever subitement au faîte des grandeurs le plus obscur des mortels ou changer en pompe funèbre un orgueilleux triomphe, c'est toi que l'indigent laboureur poursuit d'une ardente prière; c'est toi qu'implore, comme souveraine des ondes, le nautonnier qui, sur un vaisseau de Bithynie, fatigue la mer de Carpathos; c'est toi que redoutent le Dace farouche, le Scythe vagabond, les villes, les peuples, et le fier Latium, et les mères des rois barbares, et les tyrans sous la pourpre, toujours tremblants que d'un pied injurieux tu ne renverses l'édifice de leur puissance et qu'un peuple tumultueux ne crie aux armes, n'appelle aux armes de paisibles citoyens, et ne brise leur couronne. Devant toi marche toujours l'inexorable Nécessité; sa main d'airain porte les énormes clous, les coins de la torture, les crocs terribles,

CARMEN XXXV.

AD FORTUNAM.

O Diva, quæ regis
gratum Antium,
præsens vel tollere
de gradu imo
corpus mortale,
vel vertere funeribus
triumphos superbos,
pauper colonus ruris
ambit te
prece sollicita,
quicumque lacessit
pelagus Carpathium
carina Bithyna
te dominam æquoris.
Te Dacus asper,
te Scythæ profugi
metuunt,
urbesque, gentesque,
et Latium ferox,
matresque
regum barbarorum,
et tyranni purpurei,
ne proruas
pede injurioso
columnam stantem,
neu populus frequens
concitet ad arma, ad arma,
cessantes,
frangatque imperium.
Semper anteit te
sæva Necessitas,
gestans manu aliena
clavos trabales et cuneos,
nec uncus severus abest
plumbumque liquidum.

ODE XXXV.

A LA FORTUNE.

O Déesse, qui gouvernes
l'agréable Antium
pouvant-de-suite ou élever
du degré le plus bas
un corps mortel (un homme),
ou changer en funérailles
des triomphes orgueilleux,
le pauvre habitant de la campague
entoure (sollicite) toi
par une prière inquiète,
et quiconque fatigue
la mer de-Carpathos
de *son* vaisseau de-Bithynie
sollicite toi la reine de la plaine *liquide.*
C'est toi *que* le Dace farouche,
c'est toi *que* les Scythes vagabonds
craignent,
et (ainsi que) les villes, et les nations,
et le Latium belliqueux,
et les mères
des rois barbares,
et les tyrans couverts-de-pourpre,
de peur que tu ne renverses
d'un pied injurieux
leur colonne (puissance) qui-est-debout,
ou (et) *de peur* qu'un peuple nombreux
n'appelle aux armes, aux armes,
ceux qui-sont-oisifs,
et ne brise *leur* empire.
Toujours marche-devant toi
la cruelle Nécessité,
portant dans *sa* main d'-airain
des clous de-poutre et des coins,
et le croc horrible n'est pas absent
et (ni) le plomb liquide (fondu).

Te Spes et albo rara Fides colit
Velata panno, nec comitem abnegat,
Utcumque mutata potentes
Veste domos inimica linquis.
At vulgus infidum et meretrix retro
Perjura cedit; diffugiunt cadis
Cum fæce siccatis amici,
Ferre jugum pariter dolosi.
Serves iturum Cæsarem in ultimos
Orbis Britannos[4] et juvenum recens
Examen, Eois[5] timendum
Partibus oceanoque Rubro.
Eheu! cicatricum et sceleris pudet
Fratrumque. Quid nos dura refugimus
Ætas? quid intactum nefasti
Liquimus? unde manum juventus
Metu deorum continuit? quibus
Pepercit aris? O utinam nova
Incude diffingas retusum in
Massagetas[6] Arabasque ferrum!

le plomb fondu. L'Espérance te suit. Vêtue d'une blanche tunique, la Fidélité, trop rare parmi nous, t'offre aussi son hommage et ne refuse point de t'accompagner lorsque, sous d'humbles vêtements, tu quittes en ennemie la demeure des grands, tandis que le perfide vulgaire et la courtisane parjure se retirent; tandis qu'après avoir vidé les tonneaux jusqu'à la lie, les amis infidèles se dispersent pour ne pas partager avec leur ami le poids du malheur.

Déesse, veille sur César qui va combattre les Bretons aux extrémités de l'univers; veille sur ce nouvel essaim de jeunes guerriers qui feront bientôt trembler l'Orient et les bords de la mer Rouge. Hélas! nous avons honte de nos plaies à peine fermées, des vestiges de nos crimes, du sang de nos frères. Génération barbare! devant quel forfait avons-nous reculé? Quel attentat nous reste-t-il à commettre? Quelle profanation la crainte des dieux a-t-elle épargnée à nos jeunes soldats? Quel autel ont-ils respecté? O puisses-tu, déesse, retremper nos glaives émoussés et les tourner contre l'Arabe et le Massagète!

Spes colit te,	L'Espérance rend-hommage à toi,
et Fides rara	et (ainsi que) la fidélité rare
velata panno albo,	couverte d'un voile blanc,
nec abnegat comitem,	et elle ne *te* refuse pas pour compagne,
utcumque	toutes-les-fois-que
veste mutata	*ton* vêtement étant-changé
linquis inimica	tu quittes *en* ennemie
domos potentes.	les demeures puissantes (des grands).
At vulgus infidum	Mais (alors) le vulgaire infidèle
et meretrix perfida	et la courtisane parjure
cedit retro;	se retire en arrière;
amici pariter dolosi	les amis *tous* également *trop* rusés
ferre jugum	pour supporter le joug (la pauvreté)
diffugiunt	s'enfuient
cadis siccatis	les coupes étant-mises-à-sec
cum fæce.	avec (jusqu'à) la lie.
Serves Cæsarem	Conserve César
iturum in Britannos,	qui-va-marcher contre les Bretons,
ultimos orbis,	les derniers (situés au bout) du monde,
et examen recens juvenum	et *cet* essaim nouveau de guerriers
timendum	redoutable
partibus Eois,	aux parties (contrées) Orientales,
oceanoque Rubro.	et à la mer Rouge.
Eheu! pudet cicatricum	Hélas! honte-est *à nous* de *nos* cicatrices
et sceleris fratrumque	et de *nos* crimes et de *nos* frères *tués*.
Ætas dura	Age (génération) dur (barbare)
quid nos refugimus?	devant quoi avons-nous reculé?
quid nefasti	quoi de criminel
liquimus intactum?	avons-nous laissé non-touché (non tenté)?
unde juventus	d'où la jeunesse
continuit manum	a-t-elle abstenu (retiré) la main
metu deorum?	par la crainte des dieux?
quibus aris pepercit?	quels autels a-t-elle épargné?
O utinam diffingas	O plaise-à-Dieu que tu refaçonnes
incude nova	sur une enclume nouvelle
ferrum retusum	*notre* fer émoussé
in Massagetas	*pour le tourner* contre les Massagètes
Arabasque!	et les Arabes!

CARMEN XXXVI.

AD PLOTIUM NUMIDAM.

Et ture et fidibus juvat
Placare et vituli sanguine debito
Custodes Numidæ deos,
Qui nunc, Hesperia sospes ab ultima[1],
Caris multa sodalibus,
Nulli plura tamen dividit oscula
Quam dulci Lamiæ, memor
Actæ non alio rege puertiæ,
Mutatæque simul togæ[2].
Cressa ne careat pulchra dies nota[3],
Neu promptæ modus amphoræ,
Neu morem in Salium sit requies pedum,
Neu multi Damalis meri
Bassum Threïcia vincat amystide,
Neu desint epulis rosæ,
Neu vivax apium, neu breve lilium.
Omnes in Damalin putres[4]
Deponent oculos, nec Damalis novo
Divelletur adultero
Lascivis hederis ambitiosior.

ODE XXXVI.

A PLOTIUS NUMIDA.

Que mon encens, que les accords de ma lyre, que le sang promis d'une génisse, m'acquittent envers les dieux, protecteurs de Numida. Numida, sain et sauf, revient du fond de l'Hespérie partager ses embrassements à ses amis chéris, le plus grand nombre pourtant à son tendre Lamia. Il se souvient qu'ils passèrent leur enfance sous l'empire d'un même gouverneur, et qu'ils prirent en même temps la robe virile. Marquons de blanc ce jour fortuné; que les amphores se vident et se succèdent sans fin; danseurs rivaux des Saliens, ne donnons point de trêve à nos pieds; que Damalis, cette insatiable buveuse, avec sa large coupe Thracienne, ne l'emporte point sur Bassus, et qu'à notre banquet abondent les roses et l'ache toujours verte, et le lis qui n'a qu'un moment. Tous, nous attacherons sur Damalis nos regards lascifs, mais Damalis ne se détachera pas de son nouvel amant, qu'elle enlace plus étroitement que le lierre amoureux.

CARM. XXXVI.

AD PLOTIUM NUMIDAM.

Juvat placare
et ture et fidibus
et sanguine debito vituli
deos custodes Numidæ,
qui nunc, sospes
ab ultima Hesperia,
dividit multa oscula
sodalibus caris,
tamen nulli
plura
quam dulci Lamiæ,
memor puertiæ
actæ non alio rege,
togæque
mutatæ simul.
Ne pulchra dies careat
nota cressa,
neu sit modus
amphoræ promptæ,
neu requies pedum
in morem Salium,
neu Damalis
meri multi
vincat Bassum
amystide Threicia,
neu rosæ,
neu apium vivax,
neu lilium breve
desint epulis.
Omnes deponent
in Damalin
oculos putres,
nec Damalis divelletur
novo adultero,
ambitiosior
hederis lascivis.

ODE XXXVI.

A PLOTIUS NUMIDA.

Il *me* plaît d'apaiser
et par *mon* encens et par *mes* chants
et par le sang dû (promis) d'un veau
les dieux protecteurs de Numida,
qui maintenant, *revenant* sain-et-sauf
du fond de l'Hespérie,
distribue de nombreux embrassements
à *ses* amis chéris,
cependant n'*en distribue* à aucun
de plus nombreux
qu'au tendre Lamia,
se-souvenant de *leur* enfance
passée non sous un autre roi (maître),
et *se-souvenant* de *leur* robe
changée en-même-temps.
Que *ce* beau jour ne manque pas
d'un signe fait-avec-de-la-craie,
qu'il n'y ait pas de mesure
à l'amphore prompte *à se vider*,
qu'il n'*y ait* pas de repos de *nos* pieds
dansant à la manière des-Saliens,
que Damalis
femme d'un vin copieux (grande buveuse),
ne surpasse pas Bassus
avec une coupe de-Thrace,
que les roses,
que l'ache fraîche,
que le lis de-courte-durée
ne manquent pas à *nos* repas.
Tous jetteront
sur Damalis
des yeux lascifs,
et Damalis ne sera pas arrachée
de *son* nouvel amant,
elle qui-étreint-plus-fortement
que le lierre amoureux.

CARMEN XXXVII.

AD SODALES.

Nunc est bibendum, nunc pede libero
Pulsanda tellus, nunc Saliaribus[1]
Ornare pulvinar deorum
Tempus erat dapibus, sodales.
Antehac[2] nefas depromere Cæcubum
Cellis avitis, dum Capitolio
Regina dementes ruinas,
Funus et imperio parabat,
Contaminato cum grege turpium[3]
Morbo virorum, quidlibet impotens
Sperare fortunaque dulci
Ebria. Sed minuit furorem
Vix una sospes navis ab ignibus;
Mentemque lymphatam Mareotico[4]
Redegit in veros timores
Cæsar ab Italia volantem
Remis adurgens, accipiter velut

ODE XXXVII.

A SES AMIS.

C'est maintenant, mes amis, qu'il faut boire, et d'un pied libre frapper la terre en cadence ; c'est maintenant qu'il faut étendre les lits sacrés et couvrir la table des dieux de mets dignes des prêtres de Mars. Avant ce jour, nous n'aurions pu sans crime tirer le Cécube des celliers de nos pères, alors qu'à la tête d'un vil troupeau d'hommes souillés d'une lèpre honteuse, une reine insensée, dans le délire de ses espérances et l'enivrement de sa fortune, préparait la chute du Capitole et les funérailles de l'empire. Mais sa fureur se calma en voyant à peine un seul de ses vaisseaux échappé aux flammes. Son âme, troublée par les fumées du Maréotique, ressentit de véritables craintes, lorsque, à force de rames, pressant la course du navire qui l'emportait loin de l'Italie, comme l'épervier presse

CARM. XXXVII.	ODE XXXVII.
AD SODALES.	A *SES* AMIS.
Nunc est bibendum,	Maintenant il faut boire,
nunc tellus pulsanda	maintenant la terre doit être frappée
pede libero,	d'un pied libre,
nunc, sodales, erat tempus	maintenant, amis, il était (est) temps
ornare pulvinar deorum	d'orner les coussins des dieux
dapibus Saliaribus.	de mets dignes-des-Saliens (splendides).
Antehac nefas	Jusque-là *c'était* un crime
depromere Cæcubum	de tirer le Cécube
cellis avitis,	des celliers des-aïeux,
dum, cum grege virorum	tandis que, avec un troupeau d'hommes
turpium	dégradés
morbo contaminato,	par une maladie souillée (honteuse),
regina impotens	une reine non-maîtresse *de ses désirs*
sperare quidlibet	jusqu'à espérer quoi que ce fût
ebriaque	et enivrée
fortuna dulci,	de *sa* fortune douce (prospère),
parabat Capitolio	préparait au Capitole
ruinas dementes,	une ruine insensée,
et imperio funus.	et à l'empire des funérailles.
Sed una navis	Mais un-seul vaisseau
vix sospes ab ignibus	à peine échappé aux flammes
minuit furorem;	anéantit *ce* délire;
Cæsarque redegit	et César réduisit
in veros timores	à de vraies craintes
mentem lymphatam	*son* esprit troublé
Mareotico,	par *le vin* de-Maréotis,
adurgens remis	*César* pressant avec *ses* rames
volantem ab Italia,	*elle* volant loin de l'Italie,
velut accipiter	comme l'épervier *presse*

Molles columbas, aut leporem citus
Venator in campis nivalis
Hæmoniæ, daret ut catenis
Fatale monstrum : quæ generosius
Perire quærens nec muliebriter
Expavit ensem[5], nec latentes
Classe cita reparavit oras.
Ausa et jacentem visere regiam
Vultu sereno, fortis et asperas
Tractare serpentes, ut atrum
Corpore combiberet venenum;
Deliberata morte ferocior;
Sævis Liburnis[6] scilicet invidens
Privata deduci superbo
Non humilis mulier triumpho.

les tendres colombes, comme l'agile chasseur presse le lièvre dans les champs neigeux de l'Hémonie, César voulait enchaîner ce monstre fatal. Jalouse d'un plus noble trépas, elle n'a point, en femme, pâli devant le glaive, et n'a point, sur sa flotte rapide, cherché des rivages inconnus. Mais, intrépide, et d'un front serein, elle a revu son palais renversé; elle a osé presser dans ses mains d'horribles serpents pour faire couler dans ses veines leur mortel venin, plus fière encore après avoir résolu sa mort, et jalouse de ravir aux vaisseaux Liburniens l'honneur de mener à Rome, dans la pompe insolente d'un triomphe, une reine illustre, mais détrônée.

---

molles columbas,	les tendres colombes,
aut venator citus	ou *comme* le chasseur agile
leporem	*presse* le lièvre
in campis Hæmoniæ	dans les champs de l'Hémonie
nivalis,	couverte-de-neige,
ut daret catenis	afin qu'il livrât aux chaînes
monstrum fatale :	*ce* monstre fatal :
quæ quærens	*cette femme* qui, cherchant
perire generosius	à périr plus glorieusement
nec expavit ensem	et ne trembla pas devant un glaive
muliebriter,	à-la-manière-des-femmes,
nec reparavit classe cita	et ne chercha pas sur une flotte rapide
oras latentes.	des rives cachées (inconnues).
Ausa et visere vultu sereno	Elle osa et revoir d'un front serein
regiam jacentem	*son* palais renversé
et fortis tractare	et courageuse *elle osa* manier
serpentes asperas,	des serpents cruels,
ut combiberet corpore	afin qu'elle absorbât dans *son* corps
atrum venenum ;	*leur* noir venin ;
ferocior	plus fière
morte deliberata ;	*sa* mort ayant été décidée *par elle ;*
scilicet invidens	sans doute enviant (car elle enviait)
sævis Liburnis	aux cruels navires-des-Liburniens
deduci triumpho superbo	d'être traînée dans un triomphe insolent
privata	*comme* une simple *femme*
mulier non humilis.	*elle* femme non obscure (elle, une reine).

CARMEN XXXVIII.

AD PUERUM.

Persicos odi, puer, apparatus,
Displicent nexæ philyra coronæ ;
Mitte sectari, rosa quo locorum
    Sera moretur[1].
Simplici myrto nihil allabores,
Sedulus curæ : neque te ministrum
Dedecet myrtus neque me sub arta
    Vite bibentem.

ODE XXXVIII.

A SON ESCLAVE.

Jeune esclave, je hais les apprêts fastueux des Perses. Je n'aime point ces couronnes que lie l'écorce du tilleul. Dispense-toi de chercher où se trouve encore la rose tardive, et que ton zèle inutile n'ajoute rien au simple myrte. Le myrte ne nous messied pas, à toi quand tu me sers, à moi quand je bois à l'ombre d'une treille.

———

CARM. XXXVIII.	ODE XXXVIII.
AD PUERUM.	A *SON* ESCLAVE.
Puer,	Enfant,
odi apparatus Persicos,	je hais le faste des-Perses,
coronæ nexæ	les couronnes liées
philyra	avec l'écorce-du-tilleul
displicent;	*me* déplaisent;
mitte sectari,	renonce à chercher,
quo locorum	dans lequel des lieux
rosa sera moretur.	la rose tardive demeure (est encore).
Sedulus curæ	*Trop* zélé pour ce-qui-est-à-soin *à toi*
allabores nihi	n'ajoute-avec-travail rien
myrto simplici:	au myrte simple:
myrtus dedecet	le myrte ne messied
neque te ministrum,	ni à toi *mon* serviteur,
neque me bibentem	ni à moi qui-bois
sub vite arta.	sous une vigne entrelacée (épaisse).

NOTES.

ODE I.

Note 1. *Mæcenas, atavis edite regibus.* Mécène, simple chevalier Romain, favori et principal ministre d'Auguste, était d'une très-ancienne famille qui avait occupé le trône de Toscane. Horace dira ailleurs (liv. III, od. XXIX) : *Tyrrhena regum progenies.* Properce dit également : *Mæcenas eques Etrusco de sanguine regum.* (Lib. III, el. IX.)

— 2. *Quiritium.* Nom que l'on donnait aux Romains dans les assemblées, soit comme descendants de Romulus, surnommé *Quirinus*, soit à cause de la ville de Cures, d'où une partie des Romains tiraient leur origine.

— 3. *Tergeminis honoribus.* Les uns entendent par *tergeminis honoribus* les trois principales charges : l'édilité, la préture et le consulat. Les autres prennent ce mot au figuré et le font synonyme de *maximus, amplissimus.*

— 4. *Libycis... areis.* Les Grecs et les Latins donnent généralement le nom de Libye à l'Afrique entière. On distinguait la Libye intérieure et la Libye extérieure. La Libye était et est encore très-fertile en blé.

— 5. *Attalicis.* Attale, roi de Pergame, allié du peuple Romain, qu'il institua son héritier. Ses richesses et sa magnificence étaient passées en proverbe.

— 6. *Cypria... Myrtoum... Icariis fluctibus. Cypria*, Cypre (aujourd'hui Chypre), grande île de la mer Méditerranée. — *Myrtoum.* Partie de la mer Égée, ainsi nommée de l'île de Myrtos, près de l'Eubée (Négrepont). — *Icariis fluctibus.* La mer Icarienne est aussi une partie de la mer Égée, entre Samos et Délos, où Icare fut précipité pour avoir volé trop près du soleil avec des ailes de cire. Ovide a dit :

Icarus Icarias nomine fecit aquas.

— 7. *Massici.* Montagne d'Italie, aujourd'hui *Mondragone.* Le vin de ce terroir était fort estimé. On en peut dire autant des vins qui portaient le nom de Cécube, Falerne, Calès, Formies, dont Horace parlera dans la suite.

— 8. *Solido demere de die.* Le jour était destiné tout entier chez les Romains aux affaires sérieuses et aux exercices. Ils ne prenaient leurs repas qu'après le coucher du soleil, et c'était une sorte de vol fait à la journée que d'anticiper de quelques heures, c'est-à-dire de boire avant la fin du jour.

— 9. *Sacræ.* Les sources des fontaines étaient consacrées.

— 10. *Sub Jove* pour *sub cælo, sub aere :* Jupiter pris pour l'air, dont il est le dieu.

— 11. *Lesboum.* Horace appelle la lyre Lesbienne, à cause d'Alcée, qui était de Lesbos, et qui en joua le premier, comme il dit dans l'ode XXXII de ce livre : *Lesbio primum modulate civi.* — Sapho était aussi de Lesbos.

ODE II.

Note 1. *Diræ,* « sinistre, funeste, qui vient de la colère du ciel. » L'an de Rome 731, de violents orages avaient fait déborder le Tibre, et la foudre, en plein hiver, était tombée sur plusieurs temples.

— 2. *Iliæ.* Ilia, mère de Romulus, de qui Jules César tirait son origine.

— 3. *Persæ.* Horace appelle ainsi les Parthes, qui occupaient alors l'ancien empire de Cyrus.

— 4. *Scelus.* La mort de Jules César. Virgile s'est servi du même mot en faisant allusion au même fait :

Te duce si qua manent sceleris *vestigia nostri.*

— 5. *Erycina.* Vénus, ainsi appelée du mont Éryx, en Sicile, où elle avait un temple superbe.

— 6. *Auctor.* C'était du dieu Mars qu'Ilia avait eu Rémus et Romulus.

— 7. *Marsi.* Les Marses étaient fort belliqueux, et c'était la meilleure infanterie des Romains.

— 8. *Juvenem.* Cette flatterie délicate regarde Octave. Horace ne dit pas tout à fait qu'il soit dieu, mais qu'il pourrait bien l'être. Virgile et Ovide ont employé la même épithète de *juvenis* en parlant d'Octave.

— 9. *Medos,* les Parthes qui possédaient le pays des Mèdes.

ODE III.

Note 1. *Iapyga.* L'Iapyx des Latins est proprement l'ouest-nord-ouest. Ce vent était très-favorable à ceux qui, comme Virgile, voulaient aller d'Italie en Grèce, car il soufflait toujours en poupe jusqu'au-dessous du Péloponèse. C'est pourquoi Virgile (*Én.*, VIII, 710), dit que l'Iapyx emportait Cléopâtre, lorsqu'après la bataille d'Actium elle fuyait de l'Épire et se retirait dans Alexandrie.

Illam inter cædes pallentem morte futura
Fecerat Ignipotens undis et Iapige ferri.

— 2. *Robur.* « Le rouvre, » espèce de chêne, plus petit, plus noueux et plus dur que le chêne ordinaire : ce mot est mis ici pour *dura quercus.*

— 3. *Truci*, c'est-à-dire *procelloso.* Catulle, IV, 9, dit de même : *Trucemve Ponticum sinum.*

— 4. *Hadriæ.* Adria, ville et colonie Romaine du pays des Vénètes. Elle est située à l'embouchure du Pô, sur un des bras de ce fleuve, appelé *Adrianus*, et donne son nom à la mer Adriatique.

— 5. *Quem gradum....*, « quelle marche, quelle approche de la mort...? »

— 6. *Acroceraunia.* Aujourd'hui monts *della Chimera* ou *Khimiaroli*, chaîne de montagnes de l'Épire, ainsi nommée parce que ses sommets fort élevés étaient souvent frappés de la foudre.

ODE IV.

Note 1. *Machinæ.* On doit entendre par ce mot ce que les Grecs et les Latins appelaient « phalanges, » c'est-à-dire de grands leviers dont on se servait pour retirer les vaisseaux de la mer et les placer sur le rivage. C'est ce qu'ils faisaient sur la fin de l'automne. Au printemps, ils remettaient leurs navires à flot.

— 2. *Inchoare* est un mot propre et particulier aux contrats de prêts à intérêt, qui répond à notre phrase « tirer des intérêts. » Chez les anciens, l'intérêt, *usura,* se payait par mois. On exigeait le premier terme d'avance, et on continuait à retirer les autres toujours au 1er du mois. Ainsi *inchoare* veut dire commencer à faire courir les intérêts. Horace compare la vie à un capital qu'on nous a donné. Il semble dire : La somme de la vie est si petite, qu'il ne faut pas compter en tirer de gros intérêts d'espérance.

— 3. *Fabulæque Manes. Fabulæ* pour *fabulosi.* Horace ne veut pas dire que les Mânes soient des « fables, des chimères, » mais des sujets de fables, de récits. *Fabulæque Manes* est donc ici *Manes de quibus multæ sunt fabulæ*. Ainsi quand il a dit « le fabuleux Hydaspe, » il n'a pas voulu dire que l'Hydaspe ne fût qu'une pure fable; mais par fabuleux il a entendu : qui fait du bruit dans l'histoire, fameux. *Fabula* vient de *fari*, « parler. »

— 4. *Exilis* a été très-diversement interprété. Quelques-uns y voient un hypallage et entendent *domus exilis* comme s'il y avait *domus ubi habitant exiles animæ, domus exilium umbrarum*. Nous croyons avec Dacier que si cette maison de Pluton a toujours été appelée *inania regna*, Horace a bien pu l'appeler *exilis*, puisque *exilis* et *inanis* ne sont qu'une même chose. Notre poëte a dit ailleurs, et dans le même sens (*Ép.*, I, VI, 45) :

> Exilis *domus est ubi non et multa supersunt*
> *Furibus.*

Et Virgile (*Én.*, VI, 269) :

> *Perque domos Ditis* vacuas *et inania regna.*

— 5. *Regna vini*. On tirait au sort le thaliarque, ou roi du festin. C'était lui qui fixait le nombre de coups que l'on devait boire, et il fallait lui obéir. *Aut bibe*, disait-il, *aut abi*.

ODE V.

Note 1. *Gracilis*, « svelte. » C'était pour les anciens la beauté la plus recherchée. — *Urget*, « te serre, te presse, t'enlace. »

— 2. *Emirabitur*. Seul exemple de ce mot dans la bonne latinité.

— 3. *Me tabula sacer*... Chez les anciens, ceux qui s'étaient sauvés d'un naufrage faisaient représenter dans un tableau ce qui leur était arrivé, et consacraient ce tableau dans le temple du dieu auquel ils s'étaient adressés dans leur détresse, et au secours duquel ils croyaient devoir leur salut. Les poëtes font souvent allusion à cet usage :

> *Fracta rate naufragus assem*
> *Dum rogat, et picta se tempestate tuetur.*
> (Juven. *Sat.*, XIV.)

> *Cantas quum fracta te in trabe pictum*
> *Ex humero portes?*
> (Pers. *Sat.*, I.)

ODE VI.

Note 1. *Vario.* Varius, dont il reste à peine quelques vers, était l'ami d'Horace et de Virgile, et passait pour le premier poëte épique de son temps. Il avait composé une tragédie, intitulée *Thyeste*, à laquelle fait allusion le vers de cette ode : *Nec sævam Pelopis domum.*

— 2. *Mæonii carminis.* Il appelle Méonien le poëme épique, à cause d'Homère, qui était de Méonie, ou parce qu'il était, suivant quelques-uns, fils de Méon.

ODE VII.

Note 1. *Plance.* Munatius Plancus. C'est celui dont nous avons les admirables lettres qu'il écrivait à Cicéron. Revêtu successivement de toutes les dignités, il n'en fut pas plus heureux, et cette ode nous le représente livré à de continuels chagrins. Il s'engagea d'abord dans le parti d'Antoine, mais il le quitta pour passer dans celui d'Octave, à qui il fit ensuite donner le nom d'Auguste.

— 2. *Teucer.* Teucer, forcé de fuir la colère de son père, qui l'accusait de n'avoir pas vengé la mort d'Ajax, son frère, alla fonder une autre Salamine dans l'île de Cypre.

— 3. *Ambiguam*, une « autre » Salamine, de telle sorte que lorsqu'on nommera Salamine il y ait doute *(ambigatur)* si c'est celle du Péloponèse ou celle de Cypre.

ODE VIII.

Note 1. *Lupatis... frenis.* Les chevaux gaulois avaient la bouche très-dure : on les domptait avec un frein hérissé de pointes en forme de dents de loup.

— 2. *Cur timet flavum Tiberim tangere, cur olivum, etc.?* Passer le Tibre à la nage était un des exercices de la jeunesse Romaine. Voy. *Sat.*, liv. II, I, 7. *Ter uncti transnanto Tiberim.* — Ceux qui se préparaient à la lutte se frottaient d'huile afin d'être plus souples et de donner moins de prise à leurs adversaires.

— 3. *Filium Thetidis.* On sait l'histoire d'Achille, que sa mère, Thétis, cacha sous un habit de femme dans le palais de Lycomède, roi de l'île de Scyros, pour l'empêcher d'aller à Troie, où elle savait qu'il devait mourir.

ODE IX.

Note 1. *Soracte.* Le Soracte, aujourd'hui *monte San-Silvestro*, était dans l'Étrurie méridionale, et près de Capène. On y remarquait un temple consacré à Apollon.

— 2. *Thaliarche*. Ce nom, entièrement grec, signifie « roi du festin. » Mais il n'y a pas d'apparence que, pour dire le roi du festin, Horace eût employé ce mot étranger et qui n'était pas en usage chez les Romains. Il est donc vraisemblable que c'est un nom propre, quoiqu'on n'en connaisse aucun autre exemple chez les Latins.

— 3. *Diota*. Grand vase « à deux oreilles, » comme l'indique le mot, c'est-à-dire à deux anses, pour conserver le vin. Les Latins l'appellent *quadrantal* et *amphora*. — Horace dit ici *Sabina*, parce qu'on fabriquait cette sorte de vaisseaux chez les Sabins.

— 4. *Composita... hora*. *Hora composita*, c'est-à-dire *condicta*, « dont on est convenu ensemble. »

ODE X.

Note 1. *Nepos Atlantis*. Parce qu'il était fils de Maïa, fille d'Atlas.

— 2. *More palestræ*. *More* est pour *institutione*, *usu*, et *palestræ* pour *cujuslibet exercitationis*, tels que la lutte et les autres exercices qui forment le corps et donnent de la grâce : c'est là le sens de *decoræ*.

— 3. *Jocoso condere furto*. Horace n'oublie aucun des attributs du dieu qu'il veut chanter. Il est vrai que ces attributs ne sont pas tous également dignes de la divinité, et Voltaire avait raison de suspecter ici la dévotion du poëte. Il est bon de remarquer cependant avec quelle finesse Horace sait dissimuler ce que la qualité de voleur peut avoir d'odieux : si Mercure dérobe, ce n'est que pour faire voir son adresse, par pure plaisanterie, *furto jocoso*.

— 4. *Dives*. Ce mot ne veut pas dire simplement que Priam était riche ; il a pour objet de dépeindre une situation particulière de la vie de Priam, et de nous le montrer chargé de l'énorme rançon d'Hector.

— 5. *Thessalos*, c'est-à-dire *Græcos*, la partie pour le tout.

ODE XI.

Note 1. *Babylonios*. Les calculs, les supputations des Chaldéens ou des Babyloniens, aussi fameux dans les mathématiques que dans l'astronomie. Ils attribuaient aux astres et même aux nombres différentes propriétés relatives aux événements humains.

— 2. *Debilitat...* « Qui affaiblit la mer contre les rochers, » c'est-à-dire l'envoie se briser contre eux.

ODE XII.

Note 1. *Lyra vel acri tibia.* La lyre était pour les louanges des dieux, et la flûte pour celles des hommes. Mais *tibia* avec l'épithète *acri* ne saurait représenter notre flûte : cette flûte retentissante des anciens répond à notre grande trompette.

— 2. *Arte materna.* Sa mère, Calliope, l'avait instruit dans l'art de chanter.

— 3. *Fidibus canoris.* Virgile a employé ces mêmes mots, en parlant d'Orphée :

Threicia fretus cithara fidibusque canoris.

— 4. *Blandum ducere.* Tournure grecque, pour *blandum ad ducendum*, comme nous avons vu dans l'ode x *callidum condere.*

— 5. *Avitus apto cum Lare fundus. Lare apto*, c'est-à-dire *cum domo quæ fundum decebat.* Cette simplicité est noble et touchante : *avitus*, c'était un bien de patrimoine qu'ils n'avaient point accru par leur ambition ; *apto Lare*, la maison était proportionnée au fonds, sa petitesse répondait au peu d'étendue des terres qu'ils possédaient. Caton conseillait cette heureuse médiocrité : *Ita ædifices ne villa fundum quærat, neve fundus villam.*

— 6. *Marcelli.* Marcellus, fils d'Octavie, sœur d'Auguste, fut adopté par l'empereur, qui lui donna en mariage sa fille Julie, et le désigna pour son successeur. Il mourut à dix-huit ans. On connaît les beaux vers que Virgile lui a consacrés dans le VIe livre de l'*Énéide.*

— 7. *Julium sidus.* Une comète qui parut peu de temps après la mort de César, et qui se montra pendant sept nuits, fut regardée comme son âme qui s'était envolée dans les cieux. Auguste, pour confirmer le peuple dans cette croyance, fit placer une étoile sur toutes les statues de César ; il en mit lui-même une sur son casque. Ainsi, à la journée d'Actium, « de son front rayonnant, dit Virgile, jaillissent deux flammes, et l'astre paternel resplendit sur sa tête. »

Geminas cui tempora flammas
Læta vomunt, patriumque aperitur vertice sidus.
(*Æn.* lib. VIII, v. 681.)

ODE XIII.

Note 1. *Memorem... notam.* Expression belle et hardie. « Une marque qui se souvient, » pour une marque dont on se souvient et qui dure longtemps. Virgile a dit de même : *Memorem Junonis ob iram.*

— 2. *Quinta parte sui nectaris*. Horace dit « la cinquième partie du nectar, » comme nous disons la « quintessence » d'une chose, pour ce qu'il y a de plus pur.

ODE XIV.

Note 1. *O navis!* Toute cette ode est allégorique, quoi qu'en dise le savant Lefèvre, et après lui Dacier. C'était l'opinion de Quintilien, et elle a été depuis presque toujours suivie. Il s'agit du vaisseau de l'État. Elle paraît avoir été faite après la bataille de Philippes. Le mât brisé désigne Pompée, qui fut immolé en Égypte par les ordres de Ptolémée, et, dans cette supposition, *Africus ventus* aurait un sens plus précis que de coutume; les dieux invoqués après le premier naufrage sont les généraux Brutus et Cassius, et le nouvel orage dont la république est menacée est vraisemblablement la guerre que Sextus Pompée tenta de renouveler quelque temps après.

— 2. *Durare*, c'est-à-dire *perferre, sustinere*. De même, Virgile, *Énéide*, VIII, 577 : *Quemvis durare laborem.*

— 3. *Cycladas*. Ces îles, ainsi nommées d'un mot grec qui signifie cercle, parce qu'elles sont rangées en cercle, sont voisines des côtes de la Grèce et situées à l'ouest des Sporades. Les principales Cyclades étaient Naxos, Andros, Délos, Paros, Céos, Mélos et Astypalée. C'était l'endroit le plus dangereux de toute la Méditerranée. Au surplus, l'épithète *nitentes*, qu'Horace leur donne ici, semble désigner plus particulièrement les Sporades, autre groupe d'îles qui sont blanches et lumineuses de l'argile dont elles sont pleines, ce qui a donné lieu à Denys le Périégète de les comparer à des astres. « Après les Cyclades, dit-il, on voit reluire les Sporades comme les astres dans un ciel serein, lorsque l'impétueux Borée a chassé les nuages humides. »

ODE XV.

Note 1. *Pastor*. Pâris, fils de Priam et d'Hécube. On l'appelle *pastor*, parce qu'il passa sa jeunesse parmi les bergers du mont Ida. — *Traheret* exprime bien les nombreux détours que Pâris fut obligé de prendre de peur d'être poursuivi; car il erra longtemps sur les mers, et alla en Phénicie, puis en Égypte, avant d'arriver avec Hélène dans sa patrie.

— 2. *Hospitam*. Pâris avait été reçu dans le palais d'Hélène. *Hospes dicitur et qui recipit et qui recipitur. Per dextram istam quam* hospes hospiti *porrexisti*. (Cicer.)

Veterum vetus hospes *amicum*.

(Horat.)

Il faut remarquer que la langue française a pris du latin ce mot *hôte* avec sa double signification, « celui qui reçoit, celui qui est reçu. »

Un rat *hôte d'un champ*...
(La Fontaine.)

Notre bonne commère
S'efforce de tirer *son hôte* au fond des eaux.
(Idem.)

Quels humains auraient cru recevoir un tel *hôte?*

dit Philémon en parlant de Jupiter ; et quelques vers plus bas :

Les dieux sortent enfin et font sortir leurs *hôtes*.
(*Philémon et Baucis.*)

— 3. *Ingrato otio. Ingrato* doit s'appliquer non pas à Pâris et à Hélène, mais aux vents, qui, de leur nature, sont ennemis du repos.

— 4. *Mala... avi*, pour *auspicio sinistro*, métaphore prise de la coutume des Grecs et des Romains, qui, par le vol des oiseaux, jugeaient du bonheur ou du malheur de leurs entreprises.

— 5. *Dardanæ genti*. Les Troyens étaient appelés Dardaniens, à cause de Dardanus, fils de Jupiter et d'Électre, et père des Troyens.

— 6. *Laertiaden*. Ulysse, fils de Laërte, roi d'Ithaque.

— 7. *Non hoc pollicitus tuæ*. Les pronoms possessifs *tuus, suus*, etc., mis seuls comme en cet endroit, sans nom ni qualité de personne, sont d'un emploi fort rare. Tibulle en offre un exemple (lib. IV *El.*, VII) :

Mea gaudia narrat,
Dicetur si quis non habuisse suam.

le complément de *tuæ*, dans notre poëte, est sans doute *Hélène, amante*, ou plutôt, comme terme de mépris, *Grecque*. C'est ainsi que Racine fait dire à Hermione, parlant d'Andromaque :

Ton cœur, impatient de revoir *ta Troyenne*...

ODE XVI.

Note I. *Dindymene*. Cybèle, ainsi appelée du mont Dindymus, en Phrygie, où elle avait des temples.

— 2. *Corybantes*. Prêtres de Cybèle, appelés aussi Curètes, *Galli, Phryges* et *Dactyli Idæi*.

— 3. *Noricus*. Le Norique, contrée de la Germanie d'où l'on tirait le meilleur fer.

ODE XVII.

Note 1. *Lucretilem.* Le Lucrétile, montagne du pays des Sabins au pied de laquelle se trouvait la maison de campagne d'Horace.

— 2. *Lycæo.* Le Lycée, montagne d'Arcadie, près de l'Alphée.

— 3. *Olentis uxores mariti.* Périphrase aussi juste que plaisante pour désigner les chèvres. Virgile a aussi appelé le bouc « le mari du troupeau » (*Géorg.* liv. III, v. 125) :

Quem legere ducem et pecori dixere maritum.

Ailleurs (*Égl.*, VII, v. 7) il est plus hardi encore :

Vir *gregis ipse caper deerraverat.*

— 4. *Hædiliæ.* Leçon d'Orelli, rétablie par lui d'après les meilleurs manuscrits ; l'un d'eux (Cod. B.) porte une glose qui nous apprend que Hédélie était une montagne ou une forêt du pays des Sabins, voisine du Lucrétile. Ce passage avait été tourmenté de bien des manières sans qu'on eût jamais produit une leçon entièrement admissible.

— 5. *Usticæ.* Ustique, petite montagne du pays des Sabins, près du Lucrétile.

— 6. *Fide Teia.* Sur la lyre d'Anacréon, qui était de Téos.

— 7. *Uno.* Ulysse.

— 8. *Vitream.* Il faut rejeter le sens de « beauté, éclat de teint, » que donnent à *vitream* quelques interprètes. Cette épithète a ici le sens de léger, volage, inconstant, à cause de la mobilité de la lumière qui se joue dans les corps diaphanes, ou de l'agitation même de ces corps. C'est ainsi que ce mot est souvent appliqué à la Fortune, à la Renommée, et c'est par la même raison qu'il convient à la magicienne Circé.

ODE XVIII.

Note 1. *Vare.* Quintilius Varus, poëte célèbre, le même dont Horace déplore la mort dans l'ode XXIV, adressée à Virgile.

— 2. *Siccis,* « les gens à sec, » c'est-à-dire sobres. Cicéron, *Acad.* II, v, 27, oppose *sicci* à *vinolenti.*

— 3. *Quatiam,* pour *commovebo,* c'est-à-dire « je ne t'ôterai pas de ta place. » C'est une métaphore tirée d'une coutume des anciens, qui, les jours de fêtes, tiraient de leur place les statues de leurs dieux et les promenaient : *Commovere sacra.* Horace se défend de vouloir prendre part à cette cérémonie, qui était l'occasion des plus horribles débauches.

Qualis commotis *excita* sacris
Thyas, ubi audito stimulant trieterica Baccho
Orgia, nocturnusque vocat clamore Cithæron.
(Virg. *Æn.*, lib. IV, v. 301.)

ODE XIX.

Note 1. *Mater sæva cupidinum.* Horace a répété ce vers dans la première ode du livre IV.

ODE XX.

Note 1. *Sabinum.* Un vin des coteaux qui avoisinaient la maison de campagne d'Horace, dans le pays des Sabins. Ce vin était fort méprisé. Le Cécube, dont notre poëte parle un peu plus bas, n'est pas le nom d'un terroir, mais celui du vin même. Les coteaux qui le produisaient s'appelaient *Formiani colles.* Les coteaux de la ville de Calès donnaient le Falerne.

ODE XXI.

Note 1. Dans les hymnes séculaires que l'on chantait à Apollon et à Diane, il y avait deux chœurs, l'un de jeunes garçons, l'autre de jeunes filles. Ces chœurs chantaient alternativement, le premier les louanges d'Apollon, le second celles de Diane.

— 2. *Vos*, sous-entendu *virgines*.

— 3. *Vos*, sous-entendu *pueri*.

ODE XXII.

Note 1. *Integer vitæ, sceleris purus.* Constructions purement poétiques. De même, *Satires*, II, III, v. 220 : *Integer animi*, et Virgile, *Én.*, IX, v. 225 : *Integer ævi.*

— 2. *Fusce.* Aristius Fuscus était poëte, orateur et grammairien. C'est à ce même Fuscus qu'Horace adresse la xe épître du livre Ier.

— 3. *Syrtes æstuosas.* Les anciens donnaient ce nom aux deux golfes que forme la Méditerranée sur la côte septentrionale de l'Afrique, entre l'Égypte et le cap Hermæum. Le premier, dit Grande Syrte, est aujourd'hui le golfe de Sidre; le second, dit Petite Syrte, est aujourd'hui le golfe de Cabès. Quelquefois aussi on entend par *Syrtes* les vastes plaines sablonneuses et brûlantes qui se trouvaient en face des *Syrtes* proprement dites, sol mouvant et sujet au flux et reflux, de même que les flots de la mer, auxquels on les compare souvent. Nous croyons qu'en cet endroit de notre poëte *Syrtes æstuosas* doit recevoir le sens de « Syrtes sablonneuses. »

— 4. *Hydaspes*. L'Hydaspe, aujourd'hui le *Djelem*, fleuve de l'Inde qui, venant des monts Imaüs, tombait dans l'Acesines après avoir traversé le pays des Glauses. Horace, en lui donnant l'épithète de *fabulosus*, n'entend pas dire que ce fleuve n'existe pas : *fabulosus* a ici le sens de « célèbre, fameux, sujet de beaucoup de récits. » Voir notre note sur *fabulæque Manes*, ode IV du présent livre.

— 5. *Jubæ tellus*. La Mauritanie. Juba, attaché à Pompée, fut tué en combattant contre César. Son fils, amené prisonnier à Rome, se fit aimer d'Octave, qui le rétablit sur le trône de ses pères.

ODE XXIII.

Note 1. *Gætulusve leo*. La Gétulie, aujourd'hui partie du Bilédulgérid, du Sedjelmesse et du Sahara, était une contrée de l'Afrique, au sud de l'Atlas, et avait au nord la Numidie et les deux Mauritanies, à l'est le pays des Garamantes, au sud la Nigritie et à l'ouest l'Océan Atlantique.

ODE XXIV.

Note 1. *Quintilium*. Quintilius Varus, de Crémone. Le même à qui Horace adresse l'ode XVIII de ce livre : *Nullam, Vare, sacra vite, etc.*; et le même aussi à qui Virgile adresse la VIe églogue :

Si quis tamen hæc quoque, si quis
Captus amore legat, te nostræ, Vare, myricæ,
Te nemus omne canat : nec Phœbo gratior ulla est
Quam sibi quæ Vari præscripsit pagina nomen.

On sait seulement que Q. Varus était poëte et qu'il mourut sous le dixième consulat d'Auguste; mais quel mérite ne doit-on pas supposer à celui dont Horace et Virgile font un tel éloge et dont ils pleurent si amèrement la perte!

ODE XXV.

Note 1. *Thracio..... vento*. Le Borée ou l'Aquilon, appelé *Thracio* parce qu'il venait de Thrace.

— 2. *Quæ solet matres furiare equorum*. Virgile, *Géorgiques*, III, v. 266 :

Scilicet ante omnes furor est insignis equarum.

ODE XXVI.

Note 1. *Protervus* est ici synonyme de *petulans, procax*, « violent, impétueux. »

— 2. *Tiridaten*. Tiridate, roi d'Arménie, s'était emparé du royaume des Parthes, après en avoir chassé Phraate. Celui-ci, avec le secours des Scythes, parvint à le détrôner.

— 3. *Apricos*, c'est-à-dire *in locis apricis natos*.

— 4. *Lesbio plectro*, dans le même sens que *Lesboum barbiton* de l'ode I de ce livre, c'est-à-dire avec des vers comme ceux d'Alcée, qui était de Lesbos.

ODE XXVII.

Note 1. *Pugnare Thracum est*. Allusion aux combats des Thraces et des Lapithes.

— 2. *Immane quantum*. Hellénisme, pour *magnopere, mirum in modum*.

— 3. *Vix illigatum te triformi Pegasus*... Pégase déroba Bellérophon aux coups de la Chimère, monstre formé de la tête d'un lion, du corps d'une chèvre et de la queue d'un dragon.

ODE XXVIII.

Note 1. *Archyta*. Philosophe pythagoricien, contemporain de Platon, fut à la fois mathématicien, astronome, homme d'État et général. Il fut élu six fois chef de la république par les Tarentins. Il mourut dans un naufrage sur les côtes de l'Apulie. On attribue à Archytas plusieurs inventions, entre autres celles de la vis, de la poulie. Il avait, dit-on, construit une colombe volante.

— 2. *Matinum*. Le mont Matinus, Matinum ou Matina, dans l'Apulie, sur les confins de la Lucanie.

— 3. *Panthoiden*. Pythagore, philosophe de Samos et fils de Mnésarque. Pour donner plus de crédit à son système, il prétendait se souvenir d'avoir été Euphorbe, fils de Panthoüs, et d'avoir assisté au siége de Troie. Il disait reconnaître son bouclier suspendu dans le temple de Junon, à Argos.

— 4. *Illyricis*. Illyrie, partie du royaume de Macédoine qu'il ne faut pas confondre avec l'*Illyrie* des anciens, laquelle forme l'Illyrie actuelle, composée de la Croatie, de la Dalmatie et de l'Esclavonie.

— 5. *Fluctibus Hesperiis*. L'Italie, appelée l'Hespérie, du nom de l'étoile du soir *Hesper*, parce que ce pays est au couchant. Voir ci-après la note 1 de l'ode XXXVI sur *Hesperia ultima*.

— 6. *Venusinæ*. Venouse ou Venusie, aujourd'hui *Venosa*, ville d'Apulie en Daunie, près de la Lucanie, au sud de Cannes. C'est la patrie d'Horace.

ODE XXIX.

Note 1. *Icci*. Iccius, ami d'Horace. Il se préparait à faire partie d'une expédition qui fut envoyée dans l'Arabie, alors presque inconnue des Romains.

— 2. *Sabææ*, partie de l'Arabie Heureuse qui avait pour capitale *Saba* ou *Sabatha*, qu'on croit être aujourd'hui *Sanaa* dans l'Hadramut.

— 3. *Panæti*. Panætius, philosophe stoïcien, né à Rhodes, étudia à Athènes sous Zénon et vint à Rome vers le milieu du IIe siècle avant J. C. Il y ouvrit une école qui fut fréquentée par les jeunes gens les plus distingués. Il eut pour disciples Scipion et Lælius. Il avait composé un traité *des Devoirs*, un livre *des Sectes, de la Divination, de la Tranquillité d'Esprit*, etc.

— 4. *Loricis Hiberis*. L'Espagne, dite Ibérie, à cause du fleuve de l'Èbre, *Iberus*. Les Espagnols trempaient fort bien le fer, et fabriquaient d'excellentes armes.

ODE XXX.

Note 1. *Cnidi, Paphique*. Gnide, ville de Carie (Doride), à l'entrée du golfe Céramique, particulièrement consacrée à Vénus. C'est là qu'était la fameuse Vénus de Praxitèle. — *Paphi*. Paphos, nom commun à deux villes de l'île de Cypre, l'Ancienne Paphos et la Nouvelle Paphos. Cette dernière, aujourd'hui *Bafa*, était sur le rivage et avait un temple consacré à Vénus.

ODE XXXI.

Note 1. *Dedicatum... Apollinem*. Auguste avait consacré un temple à Apollon sur le mont Palatin, en mémoire de la bataille d'Actium, qui lui avait donné l'empire. Orelli : *Dedicatur deus ipse, cui nova sedes consecratur*. Cicéron, *de Nat. Deor*. II, XXXII : *Ut Fides, ut Mens, quas in Capitolio dedicatas videmus*.

— 2. *Opimæ Sardiniæ segetes feraces*. L'île de Sardaigne était regardée comme un des greniers de Rome.

— 3. *Liris*. Le Liris, aujourd'hui *Carigliano*, rivière du Latium, naissait chez les Marses et se jetait dans la mer Inférieure, près de Minturnes, après avoir formé de vastes marais.

ODE XXXII.

Note I. *Lesbio... civi*. Ces mots désignent Alcée, de Mitylène, dans l'île de Lesbos. Il combattit longtemps avec courage pour la liberté de sa patrie.

ODE XXXIII.

Note 1. *Albi*. Albius Tibullus, dont nous avons quatre livres d'élégies qui respirent une sensibilité profonde, une mélancolie douce que ne connurent ni Properce, ni Ovide. Il mourut la même année que Virgile.

— 2. *Insignem tenui fronte*. Chez les Grecs et chez les Romains, c'était une beauté que d'avoir le front petit. Pétrone, dans le portrait de Circé : *frons minima*. Ce goût était même si général que les dames Romaines avaient coutume de cacher une partie de leur front sous des bandelettes qu'Arnobe appelle *nimbos*. *Imminuerent frontes nimbis*.

— 3. *Cyri*. C'est le même Cyrus dont il est parlé dans l'ode XVII.

— 4. *Fretis acrior Hadriæ*. La mer Adriatique, sujette à de fréquentes tempêtes. Horace dit encore, dans l'ode IX du livre III :

Et improbo
Iracundior Hadria.

ODE XXXIV.

Note 1. *Consultus*, pour *peritus*, *doctus*, « habile, maître, » dans le sens de *jurisconsultus*.

— 2. *Atlanteusque finis*. Les anciens, qui ne connaissaient pas toute l'Afrique, croyaient que de ce côté la terre finissait au mont Atlas.

ODE XXXV.

Note 1. *O diva... Antium*. L'ordre des idées, autant que l'emploi des mêmes strophes, ont fait croire à quelques commentateurs que l'ode précédente et celle-ci n'en font qu'une. C'est le sentiment de l'abbé Gagliani. — *Antium*. Antium, aujourd'hui *Anzio* et *Nettuno*, ville du Latium, capitale du pays des Volsques. On y voyait deux temples célèbres, l'un d'Esculape, l'autre de la Fortune. C'est dans les ruines d'Antium qu'on a trouvé, il y a environ deux cents ans, l'Apollon du Belvédère.

— 2. *Bithyna.* La Bithynie, à l'est du Bosphore de Thrace, de la Propontide et de la Mysie. Ses forêts fournissaient d'excellents bois pour la construction des vaisseaux.

— 3. *Carpathium.* Partie de la Méditerranée, vers l'Égypte, où est située l'île de Carpathos, aujourd'hui *Scarpanto*, entre la Crète et Rhodes.

— 4. *Ultimos orbis Britannos. Ultimos*, d'après l'opinion des anciens, qui ne connaissaient point de pays au delà des îles Britanniques.

— 5. *Eois.* Les Parthes et les Arabes.

— 6. *Massagetas.* Les Massagètes, peuples scythes à l'est et au nord de la mer Caspienne, étaient nomades, pasteurs et ichthyophages. On croit que le nom de *Massagetæ* signifie « grands Gètes. »

ODE XXXVI.

Note 1. *Hesperia..... ultima.* L'Espagne, qui était quelquefois désignée sous le nom de Grande Hespérie, comme l'Italie sous celui de Petite Hespérie. L'épithète *ultima* indique l'Espagne, car il faut remarquer que ce nom d'*Hespérie*, qui marque le couchant (*Hesper* ou *Vesper*), les Grecs l'ont donné à l'Italie, parce qu'elle est au couchant de la Grèce, et les Latins à l'Espagne, parce qu'elle est dans la même situation à leur égard. Les progrès des découvertes géographiques transportaient successivement cette dénomination d'Hespérie d'une contrée à l'autre : c'était le dernier pays découvert à l'ouest qui le recevait.

— 2. *Togæ.* Les jeunes Romains portaient la robe prétexte jusqu'à l'âge de dix-sept ans, époque à laquelle ils prenaient la robe virile.

— 3. *Cressa... nota*, pour *nota Cretica*, parce que la pierre blanche qu'on nomme *craie* est commune dans l'île de Crète. Les Thraces étaient dans l'usage, au rapport de Pline, de marquer d'une pierre blanche leurs jours heureux, et d'une pierre noire leurs jours malheureux. On jetait ces pierres commémoratives dans une urne. L'année finie, on récapitulait son passé, et l'on regardait comme retranché de la vie les jours mauvais. A ce compte, combien d'hommes ont peu vécu! Les poëtes Latins rappellent souvent cet usage, qui des Thraces avait passé aux Romains. Horace dit ailleurs (*Sat.*, liv. I) :

Creta *an* carbone *notandi?*

Et Ovide (*Métam.*, xv) :

Mos erat antiquus niveis atrisque lapillis
His damnare reos, illis absolvere culpa.

— 4. *Putres*, c'est-à-dire *marcescentes*, *molles*, comme en grec ὑγρός, τακερός. Ainsi Lucien, *Am.* 15 : Ὁ Χαρικλῆς ὑπὸ τοῦ σφόδρα θάμβους ὀλίγου δεῖν ἐπεπήγει τακερόν τι καὶ ὑγρὸν ἐν τοῖς ὄμμασιν ὑγραίνων. Perse, v, v. 58 : *Ille in Venerem est putris.*

ODE XXXVII.

Note I. *Saliaribus.* « Dignes des prêtres de Mars, » nommés Saliens. Les festins des Saliens, par leur magnificence, avaient donné lieu à ce proverbe : *Cœnæ Saliares.*

— 2. *Antehac*, c'est-à-dire avant la défaite de Cléopâtre, pendant que l'empire Romain était menacé, qu'il était en péril.

— 3. *Contaminato cum grege turpium, etc.* Cela peut s'entendre ou des eunuques dont la cour de Cléopâtre était pleine, ou des matelots et des soldats attaqués de la lèpre, originaire d'Afrique, et que les Latins appelaient *turpis scabies.*

— 4. *Mareotico*, du nom du lac Maréotis, aujourd'hui *Mariout*, dans l'Égypte inférieure, à l'ouest du Delta, près d'Alexandrie. Les environs produisaient des vins exquis.

— 5. *Nec expavit ensem.* Cléopâtre voulut se percer d'une épée, mais Proculeius, qu'Auguste avait envoyé pour la garder, l'en empêcha.

— 6. *Sævis Liburnis.* Vaisseaux légers dont Auguste fit usage à la bataille d'Actium et qui lui rendirent la victoire plus facile. *Sævis* est là par rapport à Cléopâtre, vaincue par leur moyen. Ces vaisseaux avaient été construits dans les chantiers de la Liburnie, partie de l'Illyrie.

ODE XXXVIII.

Note I. *Rosa quo locorum sera moretur.* Il s'agit sans doute des roses d'hiver. Les Romains faisaient beaucoup de dépenses pour en avoir dans cette saison. — *Quo locorum*, pour *quo loco.*

ARGUMENT ANALYTIQUE.

Ode première. A Pollion. — Il l'invite à reprendre ses travaux historiques.

Ode II. A Crispus Salluste. — Celui-là seul est riche et heureux qui triomphe de l'avarice et des autres passions.

Ode III. A Dellius. — L'idée de la mort doit nous engager à jouir des biens de la vie.

Ode IV. A Xanthias. — Xanthias ne doit pas rougir d'aimer sa servante, puisque tant de grands hommes ont fait comme lui.

Ode V. A un ami. — Il l'engage à respecter Lalagée, qui est trop jeune encore pour répondre à son amour.

Ode VI. A Septime. — Il lui témoigne le désir qu'il a de finir ses jours soit à Tibur, soit à Tarente. Il l'invite à venir partager sa retraite.

Ode VII. A Pompéius Varus. — Il le félicite de son retour dans sa patrie.

Ode VIII. A Barine. — Qu'on ne doit plus croire aux serments de Barine, toujours parjure, et qui, loin d'être punie de ses perfidies, leur emprunte chaque fois un nouveau charme.

Ode IX. A Valgius. — Il lui adresse des consolations sur la mort de son fils.

Ode X. A Licinius. — Éloge de la médiocrité et de l'égalité d'âme.

Ode XI. A Quinctius Hirpinus. — Il l'invite à se débarrasser de tous soins pour jouir de la vie.

Ode XII. A Mécène. — Éloge de Licymnie, épouse de Mécène.

Ode XIII. Contre un arbre dont la chute avait failli l'écraser.

Ode XIV. A Postume. — Sur la brièveté de la vie.

Ode XV. Contre le luxe de son siècle.

Ode XVI. A Pompéius Grosphus. — Éloge du repos et de la médiocrité.

Ode XVII. A Mécène, malade. — Il cherche à le consoler. Il lui dit qu'il ne veut pas lui survivre.

Ode XVIII. Le poëte est content de la médiocrité de sa fortune. Il plaint le malheur de ceux qui soupirent après de grandes richesses, et qui ne songent pas à l'inévitable fin, la mort.

Ode XIX. Dithyrambe. — Louanges de Bacchus.

Ode XX. A Mécène. — Le poëte se promet l'immortalité.

HORATII

CARMINUM

LIBER II.

CARMEN I.

AD ASINIUM POLLIONEM.

Motum ex Metello consule [1] civicum
Belliquc causas et vitia [2] et modos
Ludumque Fortunæ gravesque
Principum amicitias [3] et arma
Nondum expiatis uncta cruoribus,
Periculosæ plenum opus aleæ,
Tractas, et incedis per ignes
Suppositos cineri doloso.
Paulum severæ Musa tragœdiæ
Desit theatris : mox ubi publicas
Res ordinaris, grande munus
Cecropio repetes cothurno,

ODE I.

A ASINIUS POLLION.

Les troubles civils qui prirent naissance sous le consulat de Métellus, les causes, les désordres, les chances diverses de cette guerre fatale, les jeux de la Fortune, les funestes ligues des chefs, nos armes teintes d'un sang qui n'est pas encore expié, tels sont les sujets que tu traites : œuvre féconde en périls, et où tu marches sur des feux couverts d'une cendre trompeuse. Que la Muse sévère de la tragédie se taise un moment sur nos théâtres. Lorsque tu auras développé la suite de ces grands événements, tu reprendras, avec le

HORACE.

ODES.

LIVRE II.

CARMEN I.

AD ASINIUM
POLLIONEM.

Tractas
motum civicum
ex Metello consule
causasque belli
et vitia
et modos
ludumque Fortunæ
amicitiasque graves
principum
et arma uncta
cruoribus
nondum expiatis,
opus plenum
aleæ periculosæ,
et incedis per ignes
suppositos cineri doloso.
Musa tragœdiæ severæ
desit paulum
theatris :
mox
ubi ordinaris
res publicas,
repetes
cothurno Cecropio
grande munus,

ODE I.

A ASINIUS
POLLION.

Tu manies (tu veux raconter)
les troubles civils
à partir de Métellus consul
et les causes de la guerre
et les crimes *commis*
et les vicissitudes *de la guerre*
et le jeu de la Fortune
et les amitiés funestes
des chefs
et les armes teintes
d'un sang
qui n'est pas encore expié,
ouvrage (sujet) plein
de chances dangereuses,
et tu marches à travers (sur) des feux
placés-sous une cendre trompeuse.
Que la Muse de la tragédie sévère
fasse-défaut un peu (un instant)
à *nos* théâtres :
bientôt (puis)
lorsque tu auras raconté-dans-leur-ordre
les événements publics,
tu reprendras
avec le cothurne de-Cécrops (athénien)
ton sublime travail,

Insigne mœstis præsidium reis
Et consulenti, Pollio[4], curiæ;
Cui laurus æternos honores
Dalmatico[5] peperit triumpho.
Jam nunc minaci murmure cornuum
Perstringis aures, jam litui strepunt,
Jam fulgor armorum fugaces
Terret equos equitumque vultus.
Audire magnos jam videor duces
Non indecoro pulvere sordidos,
Et cuncta terrarum subacta
Præter atrocem[6] animum Catonis.
Juno et deorum quisquis amicior[7]
Afris inulta cesserat impotens
Tellure victorum nepotes
Retulit inferias Jugurthæ.
Quis non Latino sanguine pinguior
Campus sepulcris impia prælia
Testatur auditumque Medis
Hesperiæ sonitum ruinæ?

cothurne athénien, ta noble mission, ô Pollion, illustre appui des accusés dans leur détresse, lumière du sénat dans ses conseils, toi que le laurier de la victoire a couronné, dans les champs de la Dalmatie, d'une gloire immortelle.

Déjà mes oreilles frémissent du son menaçant des trompettes; déjà les clairons retentissent; déjà l'éclat étincelant des armes épouvante le coursier qui prend la fuite, et fait pâlir le cavalier. Je crois déjà voir ces grands capitaines souillés d'une noble poussière; je vois tout l'univers soumis, excepté l'âme indomptable de Caton.

Junon et tous les dieux amis de l'Afrique s'étaient exilés de cette terre qu'ils n'avaient pu venger; mais ils y ont ramené les petits-fils des vainqueurs pour les immoler aux mânes de Jugurtha. Quelle plaine, engraissée du sang romain, n'atteste pas par des tombeaux nos combats sacriléges, et les ruines de l'Hespérie dont la chute a

Pollio, insigne præsidium	Pollion, illustre appui
reis mœstis	pour les accusés en-deuil
et curiæ consulenti;	et pour le sénat qui (lorsqu'il) délibère;
cui laurus	*toi* à qui le laurier (la victoire)
peperit	a enfanté (procuré)
triumpho Dalmatico	par le triomphe de-la-Dalmatie
honores æternos.	des honneurs éternels.
Jam nunc	Déjà maintenant
perstringis aures	tu frappes *mon* oreille
murmure minaci cornuum,	du son menaçant des trompettes,
jam litui strepunt;	déjà les clairons résonnent;
jam fulgor armorum	déjà l'éclat des armes
terret equos fugaces	effraye les chevaux qui-veulent-fuir
vultusque equitum.	et les visages des cavaliers.
Jam videor	Déjà je parais (il me semble)
audire magnos duces	entendre les grands capitaines
sordidos	souillés
pulvere non indecoro,	d'une poussière *qui n'est* pas déshonorante,
et cuncta terrarum	et toutes les *parties* de la terre
subacta	soumises
præter animum atrocem	excepté l'âme indomptable
Catonis.	de Caton.
Juno et quisquis deorum	Junon et quiconque des dieux
amicior Afris	plus ami des Africains
cesserat impotens	était sorti impuissant
tellure inulta	de *leur* terre non-vengée
retulit	*y* a rapporté (ramené)
nepotes victorum	les petits-fils des vainqueurs
inferias	*comme* victimes-expiatoires
Jugurthæ.	*offertes* à Jugurtha.
Quis campus	Quelle plaine
pinguior sanguine Latino	*devenue* plus grasse du sang romain
non testatur sepulcris	n'atteste par *ses* tombeaux
prælia impia	*nos* guerres impies
sonitumque	et le bruit
ruinæ Hesperiæ	de la ruine de-l'Occident
auditum Medis?	entendu par les Mèdes?

Qui gurges aut quæ flumina lugubris
Ignara belli ? quod mare Dauniæ[8]
Non decoloravere cædes ?
Quæ caret ora cruore nostro ?
Sed ne relictis, Musa procax, jocis
Ceæ retractes munera neniæ[9] :
Mecum Dionæo[10] sub antro
Quære modos leviore plectro.

retenti jusque chez les Mèdes? Quels gouffres, quels fleuves ont ignoré nos guerres déplorables ? Quelle mer n'a pas été rougie par nos massacres? Quelle terre n'a pas été abreuvée de notre sang?

Mais ne va pas, ô Muse téméraire, abandonner les jeux pour répéter les hymnes funèbres du chantre de Céos. Viens plutôt avec moi dans l'antre sacré de Dionée chercher sur la lyre de plus légers accords.

Qui gurges	Quel abîme
aut quæ flumina	ou quels fleuves
ignara	*sont* ignorants (ignorent)
belli lugubris ?	*notre* guerre lugubre ?
quod mare	quelle mer
cædes Dauniæ	le sang des-Dauniens (des Romains)
non decoloravere ?	n'a pas fait changer-de-couleur (rougir)?
quæ ora caret	quel bord manque (n'est abreuvé)
nostro cruore ?	de notre sang ?
Sed, Musa procax,	Mais, Muse téméraire,
ne retractes munera	ne touche pas aux fonctions (au genre)
neniæ Ceæ	de l'hymne-funèbre de-Céos
jocis relictis :	les jeux étant quittés :
quære mecum	cherche avec moi
sub antro Dionæo	sous l'antre de-Dionée
modos	des accords
plectro leviore.	avec un plectre plus léger.

CARMEN II.

AD CRISPUM SALLUSTIUM.

Nullus argento color est avaris
Abdito terris, inimice lamnæ
Crispe Sallusti[1], nisi temperato
Splendeat usu.
Vivet extento Proculeius[2] ævo,
Notus in fratres animi paterni;
Illum aget penna metuente solvi
Fama superstes.
Latius regnes avidum domando
Spiritum, quam si Libyam remotis
Gadibus[3] jungas et uterque Pœnus[4]
Serviat uni.
Crescit indulgens sibi dirus hydrops,
Nec sitim pellit, nisi causa morbi
Fugerit venis et aquosus albo
Corpore languor.

ODE II.

A CRISPUS SALLUSTE.

Les trésors cachés dans une terre avare demeurent sans éclat; ô Salluste, tu méprises la richesse, quand elle ne brille point par un sage emploi. Il vivra dans les siècles à venir, ce Proculéius illustré par sa tendresse paternelle envers ses frères, et la Renommée, qui survit aux âges, le portera éternellement sur son aile infatigable. Triomphe de tes avides désirs, et ton empire sera plus vaste que si tu joignais la Libye aux rivages lointains de Gadès, et que si l'une et l'autre Carthage n'avaient que toi pour maître. L'hydropique, cruel à lui-même, accroît son mal en le flattant : il ne peut apaiser sa soif qu'en chassant de ses veines le principe du mal, la lymphe qui fait

CARMEN II.

AD CRISPUM SALLUSTIUM.

Nullus color est argento
abdito terris avaris,
Crispe Sallusti,
inimice
lamnæ,
nisi splendeat
usu temperato.
Proculeius
notus animi paterni
in fratres
vivet ævo extento;
Fama superstes
aget illum
penna
metuente solvi.
Regnes latius
domando spiritum avidum,
quam si jungas Libyam
Gadibus remotis
et uterque Pœnus
serviat uni.
Hydrops dirus crescit
indulgens sibi,
nec pellit sitim,
nisi causa morbi
fugerit venis
et languor aquosus
corpore albo.

ODE II.

A CRISPUS SALLUSTIUS.

Aucun éclat *n*'est à l'argent
caché dans la terre avare,
Crispus Sallustius,
toi ennemi
de la lame *d'argent* (de l'argent),
s'il ne brille (s'il n'a du prix)
par un emploi réglé (sage).
Proculéius
connu par *son* cœur paternel
pour *ses* frères
vivra dans un âge reculé;
la Renommée qui-survit
portera celui-ci
d'une aile
qui craint d'être arrêtée (infatigable).
Tu régneras plus loin
en domptant *ton* souffle (cœur) avide,
que si tu joignais la Libye
à Gadès reculé
et *que si* l'un et l'autre Carthaginois
obéissaient à *toi* seul.
L'hydropisie cruelle augmente
en-étant-complaisante pour elle-même,
et elle ne chasse pas la soif,
si la cause (le principe) de la maladie
n'a fui des veines [l'eau)
et *si* la langueur aqueuse (produite par
n'a fui du corps blanc (pâle).

Redditum Cyri solio Phraaten
Dissidens plebi numero beatorum
Eximit Virtus populumque falsis
Dedocet uti
Vocibus, regnum et diadema tutum
Deferens uni propriamque laurum,
Quisquis ingentes oculo irretorto [8]
Spectat acervos.

languir son corps blêmissant. Ce Phraate remonté au trône de Cyrus, la Vertu, qui ne juge point comme le vulgaire, le retranche du nombre des heureux; elle apprend au peuple à ne pas accorder des titres menteurs, et elle ne donne un sceptre, un diadème assuré, une impérissable gloire, qu'à celui qui voit des monceaux d'or d'un œil indifférent.

Virtus dissidens plebi	La Vertu qui-diffère-d'-avis avec la foule
eximit numero beatorum	retranche du nombre des heureux
Phraaten	Phraate
redditum solio Cyri	rendu au trône de Cyrus
dedocetque populum	et détourne-par-ses-leçons le peuple
uti vocibus falsis,	de se servir de paroles menteuses,
deferens regnum	déférant un empire
et diadema tutum	et un diadème sûr (assuré)
laurumque propriam	et un laurier durable
uni,	à *celui-là* seul,
quisquis spectat	quel-qu'il-soit-qui regarde
oculo irretorto	d'un œil qui-ne-se-détourne-pas (ferme)
ingentes acervos.	de grands monceaux *d'or*.

CARMEN III.

AD DELLIUM.

Æquam memento rebus in arduis
Servare mentem, non secus in bonis
 Ab insolenti temperatam
 Lætitia, moriture Delli[1],
Seu mœstus omni tempore vixeris,
Seu te in remoto gramine per dies
 Festos reclinatum bearis
 Interiore nota Falerni.
Quo pinus ingens albaque populus
Umbram hospitalem consociare amant
 Ramis? quid obliquo laborat
 Lympha fugax trepidare rivo?
Huc vina et unguenta et nimium breves
Flores amœnæ ferre jube rosæ,
 Dum res et ætas et Sororum
 Fila trium patiuntur atra.

ODE III.

A DELLIUS.

Souviens-toi de conserver une âme égale dans les revers, et qui ne s'enivre point d'un fol orgueil dans la prospérité; car tu dois mourir, ô Dellius, soit que ta vie entière se soit consumée dans la tristesse, soit que la passant en jours de fêtes, et couché à l'écart sur le gazon, tu boives le bonheur dans un vin de Falerne tiré du fond du caveau. N'est-ce pas pour nous inviter à boire que le pin superbe et le blanc peuplier se plaisent à marier l'ombre hospitalière de leurs rameaux, et que cette onde fugitive s'efforce de précipiter sa marche tortueuse? Ordonne donc qu'on t'apporte des vins, des parfums et des roses, fleurs charmantes d'un jour, tandis que la fortune, ton âge et le noir fuseau des trois Sœurs te le permettent encore.

Il faudra quitter ces bois achetés à grands frais, ce palais, cette maison des champs que baignent les flots dorés du Tibre; il faudra

CARMEN III.	ODE III.
AD DELLIUM.	A DELLIUS.
Memento servare	Souviens toi de conserver
in rebus arduis	dans les circonstances difficiles (les revers)
mentem æquam,	une âme égale,
non secus	non autrement *que* (de même que)
temperatam	*une âme* qui-se-garde
in bonis	dans les *circonstances* heureuses (la pros-
a lætitia insolenti,	d'une joie immodérée, [périté)
Delli moriture,	Dellius, *toi* qui-dois-mourir,
seu vixeris mœstus	soit que tu aies vécu triste
omni tempore,	en tout temps,
seu bearis	soit que tu aies rendu-heureux
nota Falerni	*avec* une étiquette (amphore) de Falerne
interiore	du-fond *de la cave* (la meilleure)
te reclinatum	toi couché
per dies festos	pendant les jours de-fête
in gramine remoto.	sur un gazon écarté.
Quo pinus ingens	Pourquoi le pin élevé
populusque alba	et le peuplier blanc
amant	aiment-ils
consociare ramis	à marier par *leurs* rameaux
umbram hospitalem?	*leur* ombre hospitalière?
quid lympha fugax	pourquoi l'eau fugitive
laborat trepidare	s'efforce-t-elle de courir
rivo obliquo?	dans un ruisseau sinueux?
Jube ferre huc	Ordonne d'apporter là
vina et unguenta	des vins et des parfums
et flores	et les fleurs
nimium breves	trop courtes (qui durent trop peu)
rosæ amœnæ,	de la rose agréable,
dum res et ætas	tandis que *les* circonstances et *ton* âge
et fila atra trium Sororum	et les fils noirs des trois Sœurs
patiuntur.	*le* permettent.

Cedes coemtis saltibus et domo
Villaque, flavus quam Tiberis lavit,
Cedes, et exstructis in altum
Divitiis potietur heres.
Divesne prisco natus ab Inacho [2],
Nil interest, an pauper et infima
De gente sub divo moreris,
Victima nil miserantis Orci.
Omnes eodem cogimur, omnium
Versatur urna serius ocius
Sors exitura et nos in æternum
Exilium impositura cymbæ.

les quitter, et ces richesses amoncelées seront la proie d'un héritier. Riche, et descendant de l'antique Inachus, ou pauvre, de la race la plus infime et sans autre abri que les cieux, il n'importe : tu es une victime due à l'inexorable Pluton. Tous, nous sommes poussés vers le même abîme : le sort de tout mortel s'agite dans l'urne fatale pour en sortir tôt ou tard et nous faire passer sur la barque pour l'éternel exil.

Cedes saltibus	Tu quitteras *tes* parcs
coemtis	achetés-ensemble (nombreux)
et domo villaque,	et *ta* maison et *ta* campagne,
quam Tiberis flavus lavit,	que le Tibre jaune arrose
cedes,	tu *les* quitteras,
et heres potietur	et un héritier s'emparera
divitiis	des richesses
exstructis in altum.	élevées haut (entassées).
Interest nil,	Il *n'*importe en rien (peu importe),
divesne	*si tu es* riche
natus a prisco Inacho,	issu de l'antique Inachus,
an moreris	ou si tu demeures (habites)
sub divo	sous le ciel (en plein air)
pauper et de gente infima,	pauvre et d'une race infime,
victima Orci	*puisque tu es* la victime d'Orcus (Pluton)
miserantis nil.	qui *n'*a-pitié de rien.
Omnes cogimur	Tous nous sommes poussés
eodem,	vers-le-même-lieu,
sors omnium	le sort de tous
versatur urna	est agité dans une urne
exitura	devant sortir
serius ocius	plus tard *ou* plus tôt (tôt ou tard)
et impositura nos	et devant placer nous
cymbæ	sur la barque *de Charon*
in exilium æternum.	pour l'exil éternel.

CARMEN IV.

AD XANTHIAM.

Ne sit ancillæ tibi amor pudori,
Xanthia Phoceu ! Prius insolentem
Serva Briseis[1] niveo colore
Movit Achillem ;
Movit Ajacem Telamone natum[2]
Forma captivæ dominum Tecmessæ[3] ;
Arsit Atrides medio in triumpho
Virgine rapta[4],
Barbaræ postquam cecidere turmæ
Thessalo victore[5] et ademtus Hector
Tradidit fessis leviora tolli
Pergama Graiis.
Nescias, an te generum beati
Phyllidis flavæ decorent parentes :
Regium certe genus et Penates
Mœret iniquos.
Crede non illam tibi de scelesta
Plebe dilectam, neque sic fidelem,
Sic lucro aversam potuisse nasci
Matre pudenda.

ODE IV.

A XANTHIAS.

Que l'amour que tu as pour ton esclave ne te fasse point rougir, ô Xanthias ! Avant toi l'on a vu l'esclave Briséis toucher, par son éblouissante blancheur, le cœur du superbe Achille; Tecmesse, la captive d'Ajax, séduisit son maître par sa beauté. Atride lui même, au milieu de son triomphe, brûla pour une vierge prisonnière, après que les bataillons barbares eurent succombé sous les coups victorieux d'Achille, et que le trépas d'Hector eut rendu plus facile aux Grecs fatigués la prise de Troie. Sais-tu si la blonde Phyllis ne descend pas de nobles parents qui seraient l'orgueil de leur gendre? Sans doute elle pleure une naissance royale et l'injustice de ses dieux. Sois-en sûr, celle qui est ainsi aimée de toi n'est pas du vil sang du peuple : si fidèle, si désintéressée, elle n'a pu naître d'une mère dont elle aurait à rougir.

CARMEN IV.	ODE IV.
AD XANTHIAM.	A XANTHIAM.
Ne amor ancillæ	Que *ton* amour pour *ta* servante
sit pudori tibi,	ne soit pas à (ne fasse pas) honte à toi,
Xanthia Phoceu!	Xanthias de-Phocide!
Prius	Auparavant (jadis)
serva Briseis	l'esclave Briséis
movit colore niveo	toucha par *sa* couleur de-neige (sa blancheur)
Achillem insolentem;	Achille superbe (inflexible);
forma Tecmessæ captivæ	la beauté de Tecmesse captive
movit dominum	toucha *son* maître
Ajacem natum Telamone;	Ajax né de Télamon;
Atrides arsit	le fils-d'Atrée brûla
in medio triumpho	au milieu de *son* triomphe
virgine rapta,	pour une vierge ravie (prisonnière),
postquam turmæ barbaræ	après que les bataillons barbares
cecidere	eurent succombé
victore Thessalo	sous le vainqueur de-Thessalie
et Hector ademtus	et *que* Hector enlevé (mort)
tradidit Graiis fessis	eut livré aux Grecs fatigués
Pergama	Pergame (Troie)
leviora	plus légère (plus facile)
tolli.	à être enlevée (détruite).
Nescias,	Tu ne peux-savoir,
an parentes beati	si les parents heureux (nobles)
flavæ Phyllidis	de la blonde Phyllis
decorent te generum:	*n'*honorent *pas* toi *leur* gendre:
certe mœret	sans-doute elle pleure
genus regium	une naissance royale
et Penates iniquos.	et des dieux-Pénates rigoureux.
Crede	Crois
illam dilectam tibi	celle-ci aimée de toi
non	n'*avoir* pas *dû sortir*
de plebe scelesta,	de la populace criminelle,
neque potuisse nasci	et n'avoir pu naître
sic fidelem,	ainsi fidèle,
sic aversam lucro	ainsi éloignée du gain (désintéressée)
matre pudenda.	d'une mère qui-fait-rougir.

Brachia et vultum teretesque suras
Integer laudo; fuge suspicari,
Cujus octavum trepidavit Ætas
Claudere lustrum.

Si je loue ses bras, son visage sa jambe faite au tour, c'est sans songer à mal : garde-toi de soupçonner un ami dont le Temps s'est hâté de clore le huitième lustre.

Integer	*Pour moi* pur (sans amour)
laudo brachia	je loue *ses* bras
et vultum surasque teretes;	et *son* visage et *ses* jambes rondes ;
fuge suspicari,	garde-toi de soupçonner *un ami*,
cujus Ætas	dont le Temps
trepidavit claudere	s'est hâté de clore
octavum lustrum.	le huitième lustre.

CARMEN V.

AD AMICUM.

Nondum subacta ferre jugum valet
Cervice, nondum munia comparis
Æquare nec tauri ruentis
In Venerem tolerare pondus.
Circa virentes est animus tuæ
Campos juvencæ, nunc fluviis gravem
Solantis æstum, nunc in udo
Ludere cum vitulis salicto
Prægestientis. Tolle cupidinem
Immitis uvæ : jam tibi lividos
Distinguet Autumnus racemos
Purpureo varius colore.
Jam te sequetur : currit enim ferox
Ætas et illi, quos tibi demserit,
Adponet annos; jam proterva
Fronte petet Lalage maritum :
Dilecta, quantum non Pholoe fugax,

ODE V.

A UN AMI.

Ta génisse ne peut pas encore ployer sous le joug sa tête domptée, ni partager les travaux d'une compagne, ni soutenir le choc amoureux du taureau. Son cœur ne la porte que dans les vertes prairies, tantôt cherchant à tempérer dans les eaux du fleuve la chaleur qui l'accable, tantôt, avide de jeux, bondissant sous les saules humides avec les enfants du troupeau. Maîtrise tes désirs : c'est une grappe encore verte. Bientôt l'Automne, qui donne aux fruits leurs diverses couleurs, nuancera pour toi de pourpre ce noir raisin; bientôt Lalagé te cherchera d'elle-même, car le Temps, qui court malgré nous, lui apporte les années qu'il te ravit dans sa fuite; bientôt, d'un œil moins timide, elle provoquera l'amour, plus chérie que ne le

CARMEN V.	ODE V.
AD AMICUM.	A UN AMI.
Nondum valet	*Ta génisse* ne peut pas encore
ferre jugum	porter le joug
cervice subacta,	d'un cou dompté,
nondum	*elle* ne *peut* pas encore
æquare munia	égaler (partager) les travaux
comparis	d'une compagne
nec tolerare pondus tauri	ni supporter le poids du taureau
ruentis in Venerem.	qui se précipite pour l'Amour.
Animus tuæ juvencæ	L'esprit (la pensée) de ta génisse
est circa campos virentes,	est autour (occupé) des champs verts,
nunc solantis	*de ta génisse* tantôt adoucissant
æstum gravem	la chaleur pesante
fluviis,	dans les fleuves,
nunc prægestientis ludere	tantôt s'empressant à jouer
in salicto udo	dans la saussaie humide
cum vitulis.	avec les veaux.
Tolle cupidinem	Enlève (étouffe) le désir
uvæ immitis :	du raisin non-doux (vert) :
jam Autumnus	bientôt l'Automne
varius	qui-varie *la couleur des fruits*
distinguet tibi	nuancera pour toi
colore purpureo	de la couleur de-pourpre
racemos lividos.	les grappes noirâtres.
Jam sequetur te :	Bientôt elle poursuivra toi :
ætas enim ferox	car l'âge fier (l'âge de la fierté)
currit	court (s'écoule)
et adponet illi	et il ajoutera à celle-ci
annos	les années
quos demserit tibi ;	qu'il aura enlevées à toi ;
jam Lalage	bientôt Lalagé
petet maritum	provoquera un mari
fronte proterva :	avec un front hardi :
dilecta,	aimée (et elle sera aimée), [jamais)
quantum non	*autant* que ne *le fut* pas (plus que ne le fut
Pholoe fugax,	Pholoé fugitive (inconstante),

Non Chloris albo sic humero nitens,
Ut pura nocturno renidet
Luna mari, Cnidiusve[1] Gyges,
Quem si puellarum insereres choro,
Mire sagaces falleret hospites
Discrimen obscurum solutis
Crinibus ambiguoque vultu[2].

furent jamais Chloris et l'inconstante Pholoé, brillant par ses blanches épaules comme brille la lune, pendant une nuit sereine, sur le cristal des mers, ou comme Gygès à la chevelure flottante, aux traits délicats, et qui, mêlé à un groupe de jeunes filles, ferait douter de son sexe et tromperait les yeux les plus clairvoyants.

---

non Chloris	ni (et) Chloris
nitens sic	brillant ainsi
humero albo,	par *son* épaule blanche,
ut luna pura renidet	comme la lune pure brille
mari nocturno,	sur la mer nocturne (pendant la nuit),
Gygesve Cnidius,	ou Gygès de-Gnide,
quem si insereres	lequel si tu plaçais
choro puellarum,	dans un chœur de jeunes-filles,
discrimen obscurum	une différence *de sexe* obscure (insensible)
crinibus solutis	à cause de *ses* cheveux déliés
vultuque ambiguo	et de *son* visage qui-fait-douter
falleret mire	tromperait admirablement
hospites sagaces.	des hôtes clairvoyants.

CARMEN VI.

AD SEPTIMIUM.

Septimi [1], Gades [2] aditure mecum et
Cantabrum [3] indoctum juga ferre nostra et
Barbaras Syrtes [4], ubi Maura semper
    Æstuat unda ;
Tibur [5] Argeo positum colono
Sit meæ sedes utinam senectæ,
Sit modus lasso maris et viarum
    Militiæque !
Unde si Parcæ prohibent iniquæ,
Dulce pellitis ovibus Galæsi [6]
Flumen et regnata petam Laconi
    Rura Phalanto [7].
Ille terrarum mihi præter omnes
Angulus ridet, ubi non Hymetto [8]
Mella decedunt, viridique certat
    Bacca Venafro [9],

ODE VI.

A SEPTIME.

Septime, toi qui me suivrais jusqu'à Gadès, chez le Cantabre indocile à porter notre joug, au milieu des Syrtes barbares où bouillonnent sans cesse les flots de la Mauritanie, ô mon ami, fassent les dieux que Tibur, fondé par des colons d'Argos, soit l'asile de ma vieillesse, le terme de mes fatigues et sur terre, et sur mer, et dans les camps !

Si la Parque ennemie me refuse ce bonheur, j'irai sur les rives du Galèse, si cher aux brebis chargées de riches toisons ; j'irai dans ces campagnes où régna le Lacédémonien Phalante. Non, aucun lieu du monde ne me sourit autant que ce coin de terre où le miel ne le cède point à celui de l'Hymette, où la verte olive le dispute à celle du

CARMEN VI	ODE VI.
AD SEPTIMIUM.	A SEPTIME.
Septimi,	Septime,
aditure mecum	*toi* qui-viendrais avec moi
Gades et Cantabrum	à Gadès et chez le Cantabre
indoctum ferre nostra juga	indocile à porter notre joug
et Syrtes barbaras,	et aux Syrtes barbares,
ubi unda Maura	où l'onde de-Mauritanie
æstuat semper;	bouillonne toujours;
utinam Tibur	plaise-au-ciel-que Tibur
positum colono Argeo	fondée par un colon d'-Argos
sit sedes	soit la demeure
meæ senectæ,	de ma vieillesse,
sit modus	qu'il soit le terme
lasso maris	*pour moi* fatigué de la mer
et viarum militiæque!	et des voyages et de la guerre!
Unde	Du-quel-endroit
si Parcæ iniquæ prohibent,	si les Parques cruelles *m'*écartent,
petam flumen Galæsi	je gagnerai le fleuve du Galèse
dulce ovibus pellitis	cher aux brebis couvertes-de-toison
et rura regnata	et les campagnes gouvernées *autrefois*
Phalanto Laconi.	par Phalante le Lacédémonien.
Ille angulus terrarum	Ce coin de la terre
ridet mihi	sourit à moi
præter omnes,	au-dessus de tous *les autres,*
ubi mella	*ce coin* où le miel
non decedunt Hymetto,	ne *le* cède point à *celui de* l'Hymette,
baccaque certat	et *où* l'olive *le* dispute
Venafro viridi,	à *celle de* Vénafre verdoyant,

Ver ubi longum tepidasque præbet
Jupiter brumas, et amicus Aulon[10]
Fertili Baccho minimum Falernis
Invidet uvis.
Ille te mecum locus et beatæ
Postulant arces; ibi tu calentem
Debita sparges lacrima favillam
Vatis amici.

Vénafre, où Jupiter fait succéder un long printemps à un doux hiver, où les coteaux d'Aulon, aimés de Bacchus, n'ont rien à envier aux raisins de Falerne. Voilà le lieu, voilà les retraites fortunées où le bonheur t'appelle avec moi : c'est là que tu verseras un juste tribut de larmes sur la cendre encore tiède du poëte qui fut ton ami.

---

ubi Jupiter præbet	*ce coin* où Jupiter (le ciel) donne
longum ver	un long printemps
brumasque tepidas,	et des hivers tièdes,
et Aulon	et *où le mont* Aulon
amicus fertili Baccho	cher au fécond Bacchus (fertile en vin)
invidet minimum	*ne* porte-envie aucunement
uvis Falernis.	aux raisins (aux vins) de-Falerne.
Ille locus	Ce lieu
et arces beatæ	et *ces* collines heureuses (riantes)
postulant te mecum;	réclament toi avec moi;
ibi tu sparges	là tu arroseras
lacrima debita	d'une larme qui-*lui*-est-due
favillam calentem	la cendre chaude
vatis amici.	du poëte *ton* ami.

CARMEN VII.

AD POMPEIUM VARUM.

O sæpe mecum tempus in ultimum
Deducte Bruto [1] militiæ duce,
Quis te redonavit Quiritem.
Dis patriis Italoque cœlo,
Pompei, meorum prime sodalium?
Cum quo morantem sæpe diem mero
Fregi coronatus nitentes
Malobathro Syrio capillos.
Tecum Philippos [2] et celerem fugam
Sensi relicta non bene parmula,
Quum fracta virtus et minaces
Turpe solum tetigere mento.
Sed me per hostes Mercurius celer
Denso paventem sustulit aere;
Te rursus in bellum [3] resorbens
Unda fretis tulit æstuosis.

ODE VII.

A POMPÉIUS VARUS.

O toi qui, sous les drapeaux de Brutus, vis souvent avec moi la mort de si près, quel bienfait te rend à tes concitoyens, aux dieux de tes pères, au ciel de l'Italie, ô Pompée, le premier de mes amis, avec qui tant de fois je trompai la lenteur du jour, une coupe à la main, et ceignant de couronnes nos cheveux brillants des parfums de Syrie. Près de toi, je vis la désastreuse journée de Philippes, où, mauvais soldat, j'abandonnai mon bouclier pour mieux presser ma fuite, quand la valeur fut terrassée et que les héros souillèrent dans la poudre leurs visages encore menaçants. Mercure alors, volant à mon secours, m'enleva tout tremblant, dans un nuage épais au travers des ennemis, tandis que toi, ressaisi par les mers orageuses, tu fus poussé à de nouveaux combats.

CARMEN VII.	ODE VII.
AD POMPEIUM VARUM.	A POMPÉIUS VARUS.
O Pompei,	O Pompée,
prime meorum sodalium,	le premier de mes amis,
deducte sæpe mecum	*toi qui fus* conduit souvent avec moi
in ultimum tempus	à *ton* dernier moment (ta dernière heure)
Bruto duce	Brutus *étant* chef
militiæ,	du service-militaire,
quis redonavit te	qui a rendu-de-nouveau toi
Quiritem	citoyen-romain
dis patriis	aux dieux de-la-patrie
cœloque Italo?	et au ciel de-l'-Italie?
cum quo	*toi* avec qui
fregi sæpe mero	j'ai brisé (abrégé) souvent avec du vin
diem morantem,	le jour lent,
coronatus capillos	couronné sur *mes* cheveux
nitentes Malobathro Syrio.	luisant du Malobathrum de-Syrie.
Tecum sensi	Avec toi j'ai éprouvé (j'ai partagé)
Philippos	Philippes
et fugam celerem	et la fuite rapide
parmula relicta	*mon* bouclier ayant été abandonné
non bene,	non honorablement (honteusement),
quum virtus fracta	quand la valeur *fut* écrasée
et minaces	et *que nos soldats* menaçants
tetigere solum turpe	touchèrent le sol hideux
mento.	avec *leur* menton (mordirent la poussière).
Sed per hostes	Mais à travers les ennemis
Mercurius celer	Mercure rapide
sustulit me paventem	enleva moi tremblant
aere denso;	dans un air (nuage) épais;
unda resorbens te rursus	le flot engloutissant toi de nouveau
in bellum	pour la guerre
tulit	*t*'a emporté
fretis æstuosis.	sur les mers orageuses.

Ergo obligatam redde Jovi dapem
Longaque fessum militia latus
Depone sub lauru mea, nec
Parce cadis tibi destinatis.
Oblivioso levia Massico
Ciboria exple, funde capacibus
Unguenta de conchis. Quis udo
Deproperare apio coronas
Curatve myrto? quem Venus arbitrum
Dicet bibendi[4]? Non ego sanius
Bacchabor Edonis[5]: recepto
Dulce mihi furere est amico.

Acquitte-toi donc du sacrifice que tu dois à Jupiter; viens reposer sous mon laurier tes membres fatigués des longs travaux de la guerre, et n'épargne point ces tonneaux qui te sont destinés. Remplis ta coupe brillante, et bois avec ce Massique l'oubli de tes maux. Que ces larges conques te versent leurs parfums. Quel esclave a soin de nous tresser promptement des couronnes d'ache ou de myrte? Qui de nous Vénus va-t-elle élire roi du festin? Je veux égaler les folies bachiques des Thraces: je me plais à ce délire quand je retrouve un ami.

Ergo redde Jovi	Ainsi-donc rends à Jupiter
dapem obligatam	le sacrifice promis
deponeque sub mea lauru	et repose sous mon laurier
latus fessum	*ton* flanc fatigué
longa militia,	par un long service-militaire,
nec parce cadis	et n'épargne pas les tonneaux
destinatis tibi.	destinés (réservés) à toi.
Exple ciboria levia	Remplis des coupes polies
Massico oblivioso,	du *vin* de-Massique qui-fait-oublier,
funde unguenta	verse des parfums
de conchis capacibus.	des coquilles larges.
Quis curat	Qui prend-le-soin
deproperare coronas	de faire-à-la-hâte des couronnes
apio udo myrtove?	avec de l'ache humide ou du myrte?
quem Venus dicet	qui Vénus nommera-t-elle
arbitrum bibendi?	le maître du boire (le roi du festin)?
Ego non bacchabor	*Pour* moi, je ne célébrerai pas Bacchus
sanius	d'une-manière-plus-sage
Edonis :	*que* les Édoniens (les Thraces) :
est dulce mihi furere	il est doux pour moi de délirer
amico recepto.	un ami étant recouvré.

CARMEN VIII.

AD BARINEN.

Ulla si juris tibi pejerati
Pœna, Barine, nocuisset unquam,
Dente si nigro fieres vel unc
Turpior ungui,
Crederem. Sed tu simul obligasti
Perfidum votis caput, enitescis
Pulchrior multo juvenumque prodis
Publica cura.
Expedit matris cineres opertos
Fallere et toto taciturna noctis
Signa cum cœlo gelidaque divos
Morte carentes.
Ridet hoc, inquam, Venus ipsa, rident
Simplices Nymphæ[1], ferus et Cupido,
Semper ardentes acuens sagittas
Cote cruenta.

ODE VIII.

A BARINE.

Si une seule fois, Barine, tu avais été punie de tes parjures, si une de tes dents était devenue noire, un de tes ongles difforme, je te croirais. Mais tu n'as pas plutôt engagé par un serment cette tête perfide, que tu nous parais beaucoup plus belle et que tu deviens l'objet de tous les vœux, de tous les soins de nos jeunes gens.

Barine se trouve bien de tromper, en prenant à témoin les cendres de sa mère, en invoquant et le ciel et les astres silencieux de la nuit, et les dieux que la froide mort ne peut atteindre. Vénus elle-même ne fait qu'en rire, aussi bien que les Nymphes indulgentes, et le cruel Amour, qui aiguise ses flèches de feu sur une pierre ensan-

CARMEN VIII.	ODE VIII.
AD BARINEN.	A BARINE.
Barine,	Barine,
si ulla pœna	si quelque châtiment
juris pejerati	de la justice violée-par-un-parjure
tibi	par toi
nocuisset unquam,	*t'*avait nui jamais,
si fieres turpior	si tu étais devenue laide
uno dente nigro	par une dent noire
vel ungui,	ou par un ongle *noir*,
crederem.	je *te* croirais.
Sed tu	Mais toi
simul obligasti votis	aussitôt que tu as lié par des vœux
caput perfidum,	*ta* tête perfide,
enitescis multo pulchrior	tu brilles beaucoup plus belle
prodisque	et tu t'avances (tu deviens)
publica cura	le public objet-des soins
juvenum.	des jeunes-gens.
Expedit	Il *lui* est avantageux
fallere	de tromper *en les invoquant*
cineres opertos matris	les cendres couvertes de *sa* mère
et signa taciturna noctis	et les astres silencieux de la nuit
cum cœlo toto,	avec le ciel tout entier
divosque	et les dieux
carentes gelida morte.	manquant (exempts) de la froide mort.
Venus ipsa, inquam,	Vénus elle-même, dis-je,
ridet hoc,	rit de cela,
Nymphæ simplices rident,	les Nymphes innocentes *en* rient,
et ferus Cupido,	et *aussi* le cruel Cupidon,
acuens semper	qui aiguise toujours
sagittas ardentes	*ses* flèches ardentes
cote cruenta.	sur une pierre sanglante.

Adde, quod pubes tibi crescit omnis,
Servitus crescit nova ; nec priores
Impiæ tectum dominæ relinquunt
Sæpe minati.
Te suis matres metuunt juvencis,
Te senes parci miseræque nuper
Virgines nuptæ, tua ne retardet
Aura maritos.

glantée. Bien plus : c'est pour toi que grandit toute la jeunesse; elle doit grossir un jour la foule de tes esclaves, sans que les premiers, bien qu'ils t'en aient souvent menacée, abandonnent le palais de leur perfide maîtresse. La mère et le vieillard économe te redoutent pour leurs enfants. Malheureuse la jeune fille nouvellement mariée! elle tremble que ton souffle ne lui enlève son époux.

Adde, quod omnis pubes	Ajoute que toute la jeunesse
crescit tibi,	grandit pour toi,
crescit	*qu'*elle grandit
nova servitus;	nouvelle troupe-d'esclaves *pour toi;*
nec priores	et les premiers (tes anciens esclaves)
relinquunt	*n'*abandonnent *pas*
sæpe minati	*quoique* souvent *t'en* ayant menacé
tectum dominæ impiæ.	le toit de *leur* maîtresse impie.
Matres metuunt te	Les mères redoutent toi
suis juvencis,	pour leurs jeunes taureaux (leurs fils),
senes parci te	les vieillards économes te *redoutent*
miseræque virgines	et les malheureuses jeunes filles
nuptæ nuper,	mariées récemment,
ne tua aura	*craignant* que ton odeur
retardet maritos.	ne retarde *leurs* maris.

CARMEN IX.

AD VALGIUM.

Non semper imbres nubibus hispidos
Manant in agros, aut mare Caspium[1]
Vexant inæquales procellæ
Usque, nec Armeniis[2] in oris,
Amice Valgi[3], stat glacies iners
Menses per omnes, aut Aquilonibus
Querceta Gargani[4] laborant,
Et foliis viduantur orni :
Tu semper urges flebilibus modis
Mysten[5] ademtum nec tibi Vespero
Surgente decedunt amores
Nec rapidum fugiente Solem.
At non ter ævo functus amabilem
Ploravit omnes Antilochum senex
Annos, nec impubem parentes
Troilon aut Phrygiæ sorores
Flevere semper. Desine mollium

ODE IX.

A VALGIUS.

Les nuages ne versent point des pluies continuelles sur les champs attristés ; le caprice des tempêtes ne tourmente pas constamment la mer Caspienne ; on ne voit pas, toute l'année, les champs de l'Arménie languir sous la glace immobile, les aquilons ébranler sans cesse les chênes du Gargan et dépouiller les ormes de leur feuillage : et toi, mon cher Valgius, tu appelles toujours, par des accents plaintifs, Mystès ravi à ta tendresse ; et quand Vesper se lève, et quand Vesper fuit devant le char rapide du Soleil, l'objet de ton amour est toujours présent à ton cœur. Cependant le vieillard qui vécut trois âges ne pleura point toute sa vie l'aimable Antiloque ; et, le jeune Troïle, ses parents et ses sœurs phrygiennes ne le pleurèrent pas toujours. Mets donc un terme à ces plaintes qui t'accusent de fai-

CARMEN IX.

AD VALGIUM.

Imbres non manant
semper nubibus
in agros hispidos,
aut procellæ inæquales
vexant usque
mare Caspium,
nec glacies iners
stat per omnes menses
in oris Armeniis,
amice Valgi,
aut querceta Gargani
laborant
Aquilonibus,
et orni
viduantur
foliis :
tu urges semper
modis flebilibus
Mysten ademtum
nec amores
decedunt tibi
Vespero surgente
nec fugiente
Solem rapidum.
At senex
functus ter ævo
non ploravit
omnes annos
amabilem Antilochum,
nec parentes
aut sorores Phrygiæ
flevere semper
impubem Troilon.
Desine tandem

ODE IX.

A VALGIUS.

Les pluies ne se répandent pas
toujours des nuages
sur les champs attristés,
ou (et) des tempêtes inégales
ne tourmentent *pas* toujours
la mer Caspienne,
et la glace (le froid) qui-engourdit
ne dure pas pendant tous les mois
sur les bords (dans les champs) d'-Armé
ô mon ami Valgius, [nie,
ou les chênaies du Gargan
ne sont *pas toujours* fatiguées
par les Aquilons,
et les ormeaux
ne sont *pas toujours* veufs
de *leurs* feuilles :
toi tu poursuis toujours
de *tes* chants plaintifs
Mystès qui *t'*a été ravi
et *tes* amours (l'objet de ton amour)
ne s'éloignent *pas* pour toi
Vesper (l'étoile du soir) se levant
ni *Vesper* fuyant (quand Vesper fuit)
le Soleil rapide.
Mais le vieillard (Nestor)
qui-s'-acquitta trois fois de la vie (vécut
ne pleura pas [trois âges)
pendant toutes ses années (toute sa vie)
l'aimable Antiloque,
et *ses* parents
ou *ses* sœurs phrygiennes
ne pleurèrent pas toujours
l'adolescent Troïle.
Cesse enfin

Tandem querelarum [6], et potius nova
Cantemus Augusti tropæa
Cæsaris et rigidum Niphaten [7],
Medumque flumen [8] gentibus additum
Victis minores volvere vortices,
Intraque præscriptum Gelonos [9]
Exiguis equitare campis.

blesse; chantons plutôt les nouveaux trophées de César; le Niphate indocile et le fleuve de Médie qui, ajoutés à nos conquêtes, roulent leurs flots avec moins d'orgueil; chantons les Gélons, forcés de contenir leurs coursiers dans les bornes étroites que Rome leur prescrit.

---

querelarum mollium,	*tes* plaintes efféminées,
et cantemus potius	et chantons plutôt
nova tropæa	les nouveaux trophées
Cæsaris Augusti	de César Auguste
et Niphaten rigidum,	et le Niphate roide (glacé),
flumenque Medum	et *disons* le fleuve de-Médie
additum gentibus victis	ajouté aux nations vaincues
volvere	rouler
vortices minores,	des tourbillons (flots) plus petits (moins
Gelonosque equitare	et les Gélons aller-à-cheval [superbes),
campis exiguis	dans des plaines étroites
intra præscriptum.	dans un *espace* prescrit.

CARMEN X.

AD LICINIUM.

Rèctius vives, Licini [1], neque altum
Semper urgendo neque, dum procellas
Cautus horrescis, nimium premendo
Littus iniquum.
Auream quisquis mediocritatem
Diligit, tutus caret obsoleti
Sordibus tecti, caret invidenda
Sobrius aula.
Sæpius ventis agitatur ingens
Pinus et celsæ graviore casu
Decidunt turres feriuntque summos
Fulgura montes.
Sperat infestis, metuit secundis
Alteram sortem bene præparatum
Pectus. Informes hiemes reducit
Jupiter, idem
Submovet. Non, si male nunc, et olim

ODE X.

A LICINIUS.

Tu vivras plus heureux, Licinius, si tu ne vas pas au loin sillonner la haute mer, et si, par une crainte excessive des tempêtes, tu ne rases pas de trop près les écueils du rivage. Celui qui chérit la médiocrité, plus précieuse que l'or, ne cherche point sa sûreté dans le honteux réduit de la misère, et, modéré dans ses désirs, fuit les palais qu'assiége l'envie. Le pin superbe est souvent battu par les vents; les tours élevées tombent d'une chute plus pesante; les plus hautes montagnes sont frappées de la foudre. Une âme mûrie par la sagesse espère dans l'adversité, et craint, dans la prospérité, un changement de fortune. Jupiter ramène les tristes hivers, mais Jupiter aussi les éloigne. Malheureux aujourd'hui, peut-être ne le seras-tu

CARMEN X.	ODE X.
AD LICINIUM.	A LICINIUS.
Vives rectius,	Tu vivras mieux (plus heureux),
Licini,	Licinius,
neque urgendo semper	et en ne pressant (affrontant) pas toujours
altum	la haute *mer*
neque premendo nimium	et en ne serrant pas trop
littus iniquum,	le rivage dangereux,
dum cautus	pendant que prudent
horrescis procellas.	tu redoutes les tempêtes.
Quisquis diligit	Quiconque aime
mediocritatem auream,	la médiocrité d'-or (précieuse),
tutus	tranquille
caret sordibus	manque (est à l'abri) de la saleté
tecti obsoleti,	d'un toit vieux,
sobrius	*et* sobre *en ses désirs*
caret aula	manque (reste éloigné) de la cour
invidenda.	qui-est-à-envier (objet d'envie).
Pinus ingens	Le pin élevé
agitatur ventis	est agité par les vents
sæpius	plus fréquemment
et turres celsæ decidunt	et les tours élevées tombent
casu graviore	avec une chute plus lourde
fulguraque feriunt	et la foudre frappe
summos montes.	le sommet des montagnes.
Pectus bene præparatum	Un cœur bien préparé
sperat infestis,	espère dans l'adversité,
metuit secundis	*et* craint dans la prospérité
alteram sortem.	un autre sort (un changement de sort).
Jupiter reducit	Jupiter ramène
hiemes informes,	les hivers hideux,
idem submovet.	le même *Jupiter les* chasse.
Si male nunc,	Si *nous sommes* mal maintenant,
non erit sic	il n'*en* sera pas ainsi
et olim.	encore à l'avenir.

Sic erit. Quondam cithara tacentem
Suscitat Musam[2] neque semper arcum
Tendit Apollo.
Rebus angustis animosus atque
Fortis appare; sapienter idem
Contrahes vento nimium secundo
Turgida vela.

pas demain. Quelquefois Apollon réveille les cordes muettes de sa lyre, et son arc n'est pas toujours tendu. Montre-toi ferme et courageux dans l'infortune; mais replie sagement tes voiles enflées par un vent trop favorable.

Quondam Apollo	Parfois Apollon
suscitat cithara	réveille avec *sa* lyre
Musam tacentem	la Muse qui se tait
neque tendit semper arcum.	et il ne tend pas toujours *son* arc.
Rebus angustis	Dans les choses étroites (les revers)
appare	parais (montre-toi)
animosus atque fortis ;	brave et courageux ;
idem	*toi* le même (de même)
contrahes sapienter	tu replieras sagement
vela turgida	*tes* voiles enflées
vento nimium secundo.	par un vent trop favorable.

CARMEN XI.

AD QUINCTIUM HIRPINUM.

Quid bellicosus Cantaber, et Scythes,
Hirpine Quincti[1], cogitet Hadria
Divisus objecto, remittas
Quærere, nec trepides in usum
Poscentis ævi pauca. Fugit retro
Levis juventas et decor, arida
Pellente lascivos amores
Canitie facilemque somnum.
Non semper idem floribus est honor
Vernis neque uno luna rubens nitet
Vultu. Quid æternis minorem
Consiliis animum fatigas?
Cur non sub alta vel platano vel hac
Pinu jacentes sic temere et rosa
Canos odorati capillos,
Dum licet, Assyriaque nardo
Potamus uncti? Dissipat Evius

ODE XI.

A QUINCTIUS HIRPINUS.

Ne cherche point, cher Hirpinus, à pénétrer les projets du belliqueux Cantabre, et du Scythe, séparé de nous par la barrière de l'Adriatique; cesse de te tourmenter pour les besoins d'une vie qui demande si peu. La brillante jeunesse fuit derrière nous avec les grâces; les rides et les cheveux blancs chassent les folâtres amours et le facile sommeil. Les fleurs du printemps ne conservent pas toujours leur fraîcheur; la lune ne fait pas briller son disque lumineux sous un seul aspect. Pourquoi fatiguer ton esprit d'éternels projets qui passent ta portée? Ah! plutôt, tandis qu'il est temps encore, pourquoi ne buvons-nous pas, mollement étendus sous ce platane élevé, ou à l'ombre de ce pin, après avoir embaumé de roses et de parfums d'Assyrie nos têtes blanchissantes? Bacchus dissipe les soucis rongeurs. Quel jeune esclave fera rafraîchir au plus vite notre

CARMEN XI.	ODE XI.
AD QUINCTIUM HIRPINUM.	A QUINCTIUS HIRPINUS.
Remittas quærere,	Néglige de chercher,
Hirpine Quincti,	Hirpinus Quinctius,
quid cogitet	quelle chose médite
Cantaber bellicosus,	le Cantabre belliqueux,
et Scythes, divisus	et le Scythe, séparé *de nous*
Hadria objecto,	par la mer-Adriatique mise-devant *lui*,
nec trepides	et ne t'inquiète pas
in usum	pour l'usage (les besoins)
ævi poscentis pauca.	d'une vie qui demande peu *de choses*.
Levis juventas et decor	La brillante jeunesse et la grâce
fugit retro,	fuient en-arrière,
canitie	les cheveux-blancs
arida	qui-viennent-de-la-sécheresse
pellente amores lascivos	chassant les amours joyeux
somnumque facilem.	et le sommeil facile.
Idem honor	Le même honneur (éclat)
non est semper	n'est pas toujours
floribus vernis	aux fleurs du-printemps
neque luna rubens	et la lune éclatante
nitet	*ne* brille *pas toujours*
uno vultu.	avec un même visage.
Quid fatigas	Pourquoi fatigues-tu
consiliis æternis	de projets éternels (lointains)
animum minorem?	*ton* esprit trop-faible?
Cur non potamus jacentes	Pourquoi ne buvons-nous pas couchés
sic temere	ainsi au hasard
vel sub platano alta	ou sous un platane élevé
vel hac pinu,	ou sous ce pin,
et odorati rosa	et embaumés (couronnés) de rose
capillos canos,	sur *nos* cheveux blancs,
dum licet,	tandis que *la chose* est possible
unctique	et frottés
nardo Assyria?	de nard (parfum) d'-Assyrie?
Evius dissipat	Évius (Bacchus) dissipe

Curas edaces. Quis puer ocius
Restinguet ardentis Falerni
Pocula prætereunte lympha?
Quis devium scortum eliciet domo
Lyden? eburna, dic age, cum lyra
Maturet in comtum Lacænæ
More comas religata nodum.

brûlant Falerne dans ce ruisseau qui fuit? Quel autre nous amènera, de sa demeure écartée, la courtisane Lydé? Qu'elle se hâte et qu'elle arrive avec sa lyre d'ivoire, les cheveux relevés sans art avec un simple nœud, à la manière des vierges de Lacédémone.

---

curas edaces.	les soucis rongeurs.
Quis puer	Quel esclave
restinguet ocius	rafraîchira promptement
pocula Falerni ardentis	les coupes du Falerne ardent
lympha prætereunte?	dans l'eau qui-coule-près-de *nous* ?
Quis eliciet domo	Lequel fera-sortir de la maison
Lyden scortum devium?	Lydé courtisane qui-vit-à-l'écart?
age dic, maturet	allons dis, qu'elle se-hâte *de venir*
cum lyra eburna	avec sa lyre d'-ivoire
religata comas	rattachée dans *sa* chevelure
in nodum comtum	en nœud peigné
more Lacænæ.	à la manière d'une Lacédémonienne.

CARMEN XII.

AD MÆCENATEM.

Nolis longa feræ bella Numantiæ[1]
Nec dirum Hannibalem nec Siculum mare
Pœno purpureum sanguine mollibus
    Aptari citharæ modis,
Nec sævos Lapithas[2] et nimium mero
Hylæum domitosque Herculea manu
Telluris juvenes, unde periculum
    Fulgens contremuit domus
Saturni veteris; tuque pedestribus
Dices historiis prælia Cæsaris,
Mæcenas, melius ductaque per vias
    Regum colla minacium.
Me dulces dominæ Musa Licymniæ
Cantus, me voluit dicere lucidum
Fulgentes oculos, et bene mutuis
    Fidum pectus amoribus;
Quam nec ferre pedem dedecuit choris
Nec certare joco nec dare brachia
Ludentem nitidis virginibus sacro
    Dianæ celebris die.

ODE XII.

A MÉCÈNE.

N'exige pas que ma lyre aux tendres accords essaye de chanter les longues guerres de la farouche Numance, ni l'implacable Hannibal et la mer de Sicile rougie du sang des Carthaginois, ni les cruels Lapithes, ni l'ivresse d'Hylée, ni les enfants de la Terre domptés par le bras d'Hercule, race belliqueuse qui fit trembler le palais éclatant du vieux Saturne. Tu diras mieux que moi, ô Mécène, dans tes histoires, affranchies du rhythme, les combats de César, et ces rois menaçants traînés en triomphe dans Rome, le cou chargé de chaînes. Ma Muse ne veut chanter que la douce voix de Licymnie, le feu de ses regards et son cœur fidèle à vos mutuelles amours : Licymnie que l'on voit avec tant de grâce, tantôt se mêler aux chœurs de danse, tantôt se livrer aux luttes de l'esprit, et tantôt, en se jouant, enlacer ses bras aux bras de ses charmantes compagnes, dans ces jours consacrés aux fêtes de Diane! Voudrais-tu, pour tous les biens

CARMEN XII.	ODE XII.
AD MÆCENATEM.	A MÉCÈNE.
Nolis longa bella	Ne veuille pas *que* la longue guerre
feræ Numantiæ	de la farouche Numance
nec dirum Hannibalem	ni l'implacable Hannibal
nec mare Siculum	ni la mer de Sicile
purpureum	rougie
sanguine Pœno	du sang carthaginois
aptari	être (soient) ajustés
mollibus modis citharæ,	aux tendres accords de *ma* lyre,
nec sævos Lapithas	ni les barbares Lapithes
et Hylæum nimium mero	et Hylée qui-fit-excès de vin
juvenesque Telluris	et les jeunes *héros fils* de la Terre
domitos manu Herculea,	domptés par la main d'-Hercule,
unde domus fulgens	d'où (par lesquels) la maison brillante
veteris Saturni	du vieux Saturne
contremuit periculum;	craignit le danger (trembla);
tuque, Mæcenas,	et toi, Mécène,
dices melius	tu diras mieux *que moi*
historiis pedestribus	dans des histoires écrites-en-prose
prælia Cæsaris	les combats de César
collaque regum minacium	et les cous des rois menaçants
ducta per vias.	traînés à travers les rues.
Musa voluit	La muse a voulu
me dicere	moi célébrer (que je célèbre)
dulces cantus	les doux chants
Licymniæ dominæ,	de Licymnie *ta* maîtresse,
me	*elle a voulu* moi *célébrer*
oculos fulgentes lucidum,	*ses* yeux brillants d'un-vif-éclat,
et pectus fidum	et *son* cœur fidèle
amoribus bene mutuis;	à *vos* amours bien réciproques;
quam nec dedecuit	à laquelle il ne messied pas
ferre pedem choris	de porter le pied (danser) dans les chœurs
nec certare joco	ni de lutter en badinage
nec dare brachia ludentem	ni donner le bras en jouant (dansant)
nitidis virginibus	aux brillantes jeunes-filles
die sacro	le jour sacré
Dianæ celebris.	de Diane célèbre.

Num tu, quæ tenuit dives Achæmenes[3],
Aut pinguis Phrygiæ Mygdonias[4] opes
Permutare velis crine Licymniæ,
Plenas aut Arabum domos?
Dum flagrantia detorquet ad oscula
Cervicem aut facili sævitia negat,
Quæ poscente magis gaudeat eripi,
Interdum rapere occupet.

de l'opulent Achémène, pour toutes les richesses de la fertile Phrygie, pour tous les trésors dont regorgent les palais des Arabes, céder un seul cheveu de Licymnie, quand, détournant la tête, elle s'offre à tes baisers brûlants; ou quand, s'armant d'une résistance facile à vaincre, elle les refuse à ton ardeur, heureuse que tu les lui ravisses, et de t'en dérober un à son tour?

Num tu	Est-ce-que toi
velis permutare	tu voudrais échanger
quæ tenuit	ce que posséda
dives Achæmenes,	le riche Achémène,
aut opes Mygdonias	ou les richesses mygdoniennes
pinguis Phrygiæ,	de la grasse (opulente) Phrygie,
aut domos plenas	ou les maisons pleines (opulentes)
Arabum,	des Arabes,
crine Licymniæ?	contre un cheveu de Licymnie?
dum detorquet cervicem	lorsqu'elle tourne *son* cou
ad oscula flagrantia	vers *tes* baisers brûlants
aut negat	ou qu'elle refuse
sævitia facili,	avec une rigueur facile (faible),
quæ gaudeat magis	ce qu'elle aime mieux
eripi poscente,	être ravi par *toi* qui *le* demande,
interdum	*et ce que* quelquefois
occupet rapere.	elle s'empresse de ravir.

CARMEN XIII.

IN ARBOREM.

Ille et nefasto te posuit die,
Quicumque primum, et sacrilega manu
Produxit, arbos, in nepotum
Perniciem opprobriumque pagi;
Illum et parentis crediderim sui
Fregisse cervicem et penetralia
Sparsisse nocturno[1] cruore
Hospitis; ille venena Colcha[2]
Et quidquid usquam concipitur nefas,
Tractavit, agro qui statuit meo
Te, triste lignum, te caducum[3]
In domini caput immerentis.
Quid quisque vitet, nunquam homini satis
Cautum est in horas : navita Bosporum[4]
Pœnus perhorrescit neque ultra
Cæca timet aliunde fata,
Miles sagittas et celerem fugam
Parthi[5], catenas Parthus et Italum
Robur; sed improvisa leti
Vis rapuit rapietque gentes.

ODE XIII.

CONTRE UN ARBRE.

Qui que ce soit qui t'ait planté, arbre fatal, ce fut dans un jour néfaste, c'est d'une main sacrilége qu'il t'a fait croître, pour le malheur de la race future et la honte du hameau. Sans doute, il avait brisé le crâne de son père; il avait, pendant la nuit, souillé son foyer du sang de son hôte; il avait mis en œuvre les poisons de Colchos; il avait osé tout ce que l'esprit humain conçoit de forfaits, celui qui te plaça dans mon champ, bois maudit, qui es tombé sur la tête innocente de ton maître.

Nul ne peut, à toute heure, prévoir les dangers qui nous menacent. Le nocher carthaginois frissonne de crainte à la vue du Bosphore et ne soupçonne pas les périls cachés qui l'attendent ailleurs. Le soldat romain redoute les flèches du Parthe et sa fuite rapide; le Parthe, les chaînes et les prisons de l'Italie. Mais toujours les traits imprévus de la mort ont frappé et frapperont les humains.

CARMEN XIII.	ODE XIII.
IN ARBOREM.	CONTRE UN ARBRE.
Ille quicumque	Celui-là quel-qu'il-soit-qui
primum, arbos,	*a planté toi* d'abord, arbre,
et posuit te	et a planté toi
die nefasto,	un jour néfaste,
et produxit	et *t'*a fait-croître
manu sacrilega	d'une main sacrilége
in perniciem nepotum	pour le malheur des descendants
opprobriumque pagi;	et l'opprobre du hameau;
crediderim	je croirais (je serais porté à croire)
illum et fregisse cervicem	lui et avoir brisé le cou
sui parentis	de son père
et sparsisse penetralia	et avoir arrosé *son* foyer
cruore nocturno	du sang nocturne (versé la nuit)
hospitis;	de *son* hôte;
ille tractavit	celui-là a manié
venena Colcha	les poisons de-la-Colchide
et quidquid nefas	et tout crime
concipitur	qui est (peut être) conçu
usquam;	quelque part,
qui statuit	*lui* qui a placé
meo agro	dans mon champ
te, lignum triste,	toi, bois (arbre) fatal,
te caducum in caput	toi qui-es-tombé sur la tête
domini immerentis.	de ton maître innocent.
Quid quisque vitet,	Ce que chacun doit-éviter,
nunquam est satis cautum	*n'*est jamais assez prévu
homini	par l'homme
in horas:	à *chaque* heure:
navita Pœnus	le pilote carthaginois
perhorrescit Bosporum	redoute le Bosphore
neque timet ultra	et il ne craint pas au delà
fata cæca	les destins (malheurs) cachés
aliunde,	*qui peuvent arriver* d'autre part,
miles	le soldat *romain redoute*
sagittas Parthi	les flèches du Parthe
et fugam celerem,	et *sa* fuite rapide,
Parthus catenas	le Parthe *redoute* les chaînes
et robur Italum;	et la prison d'-Italie (romaine);
sed vis improvisa leti	mais la force imprévue de la mort
rapuit rapietque gentes.	a enlevé et enlèvera les peuples.

Quam pene furvæ regna Proserpinæ
Et judicantem vidimus Æacum,
Sedesque discretas piorum et
Æoliis fidibus querentem
Sappho puellis de popularibus [6],
Et te sonantem plenius aureo,
Alcæe [7], plectro dura navis,
Dura fugæ mala, dura belli!
Utrumque sacro digna silentio
Mirantur Umbræ dicere; sed magis
Pugnas et exactos tyrannos
Densum humeris bibit aure vulgus [8].
Quid mirum? ubi illis carminibus stupens
Demittit atras bellua centiceps
Aures et intorti capillis
Eumenidum recreantur angues.
Quin et Prometheus [9] et Pelopis parens
Dulci laborum decipitur sono;
Nec curat Orion [10] leones
Aut timidos agitare lyncas.

Combien j'ai été près de voir le royaume de la noire Proserpine. Éaque jugeant sur son tribunal, les retraites réservées aux âmes pures, Sapho se plaignant, sur son luth éolien, des vierges de Lesbos; et toi, Alcée, qui, d'un ton plus mâle, chantes sur ta lyre d'or les fatigues de la mer, les rigueurs de l'exil et les malheurs de la guerre. Les Ombres les admirent l'un et l'autre dans un religieux silence; mais leur foule s'entasse et se presse surtout pour enivrer son oreille du récit des combats et des tyrans détrônés. Comment s'en étonner, quand le monstre aux cent têtes, immobile et cédant lui-même au charme de cette divine harmonie, abaisse ses noires oreilles; quand les serpents enlacés aux cheveux des Euménides, tressaillent de plaisir? Que dis-je? à ces doux concerts, Prométhée et le père de Pélops ne sentent plus leurs souffrances, et Orion lui-même oublie de poursuivre les lions et les lynx timides.

Quam pene	Combien presque (de combien près)
vidimus	nous avons vu
regna furvæ Proserpinæ	les royaumes de la pâle Proserpine
et Æacum judicantem,	et Eaque qui juge,
sedesque piorum	et les demeures des *hommes* pieux
discretas	séparées *du Tartare*
et Sappho querentem	et Sappho qui se plaint
fidibus Æoliis	sur *sa* lyre Eolienne
de puellis popularibus,	des jeunes-filles de-son-pays,
et te, Alcæe,	et toi, Alcée,
sonantem	qui fais-résonner (qui chantes)
plenius	d'une-manière-plus-mâle
plectro aureo	sur *ta* lyre d'-or [de la mer),
dura mala navis,	les durs maux du vaisseau (les dangers
dura fugæ,	les durs *maux* de l'exil,
dura belli!	les durs *maux* de la guerre!
Umbræ mirantur	Les Ombres s'étonnent [cré)
silentio sacro	dans *leur* silence (retraite-silencieuse) sa-
utrumque dicere	l'un-et-l'autre (Alcée et Sapho) chanter
digna;	des choses dignes *d'être écoutées;*
sed vulgus densum humeris	mais la foule serrée par les épaules
bibit aure	boit par l'oreille (écoute avidement)
magis	plutôt (de préférence)
pugnas et tyrannos exactos.	les combats et les tyrans chassés.
Quid mirum?	Quoi d'étonnant?
ubi	dès que (puisque)
bellua centiceps	le monstre aux-cent-têtes (Cerbère)
stupens illis carminibus	frappé de ces chants
demittit atras aures,	baisse *ses* noires oreilles,
et angues Eumenidum	et que les serpents des Euménides
intorti capillis recreantur.	enlacés à *leurs* cheveux sont charmés.
Quin et Prometheus	Bien plus et Prométhée
et parens Pelopis	et le père de Pélops
decipitur laborum	sont trompés sur (oublient) *leurs* travaux
sono dulci;	par *ce* son agréable;
nec Orion curat	et Orion ne songe plus
agitare leones	à poursuivre les lions
aut lyncas timidos.	ou les lynx timides.

CARMEN XIV.

AD POSTUMUM.

Eheu ! fugaces, Postume, Postume,
Labuntur anni, nec pietas moram
Rugis et instanti senectæ
Afferet indomitæque morti ;
Non, si trecenis, quotquot eunt dies,
Amice, places illacrimabilem
Plutona tauris, qui ter amplum
Geryonen Tityonque [1] tristi
Compescit unda, scilicet omnibus,
Quicumque terræ munere vescimur,
Enaviganda, sive reges
Sive inopes erimus coloni.
Frustra cruento Marte carebimus
Fractisque rauci fluctibus Hadriæ,
Frustra per autumnos nocentem
Corporibus metuemus Austrum :
Visendus ater flumine languido
Cocytus errans et Danai genus
Infame damnatusque longi
Sisyphus Æolides laboris.

ODE XIV.

A POSTUME.

Hélas ! Postume, cher Postume, les années s'écoulent comme un torrent, et la piété ne saurait retarder ni les rides de l'âge, ni la vieillesse qui nous presse, ni la mort que rien ne peut désarmer : non, quand, chaque jour, tu immolerais trois cents taureaux à Pluton, à cet inexorable dieu qui enchaîne Tityus et le triple Géryon dans les lugubres détours de ce fleuve que doivent traverser tous ceux que la terre nourrit, les rois comme les pauvres laboureurs. En vain éviterons-nous les jeux sanglants de Mars et les flots de l'Adriatique, qui se brisent en mugissant sur le rivage ; en vain, nous garantirons-nous pendant l'automne du souffle dangereux de l'Auster : il faudra visiter le Cocyte, qui traîne languissamment ses noires ondes, et l'exécrable race de Danaüs, et le fils d'Éole, condamné à d'éternels travaux.

CARMEN XIV.	ODE XIV.
AD POSTUMUM.	A POSTUME.
Eheu! Postume,	Hélas, Postume,
Postume,	Postume,
anni fugaces labuntur,	les années fugitives s'écoulent,
nec pietas afferet moram	et la piété n'apportera pas de retard
rugis	aux rides
et senectæ instanti	et à la vieillesse qui *nous* presse
mortique indomitæ;	et à la mort inflexible;
non,	*elle n'y apportera* pas *de retard*,
si places, amice,	si (quand même) tu apaiserais, ami,
quotquot eunt dies	autant que s'écoulent de jours (chaque jour)
trecenis tauris	par trois cents taureaux
Plutona illacrimabilem,	Pluton, qui-ne-pleure-pas (inexorable),
qui compescit	qui enchaîne
Geryonen ter amplum	Géryon trois fois large
Tityonque	et Titye
unda tristi,	d'une onde fatale,
scilicet enaviganda	c'est-à-dire qui-doit-être-traversée
omnibus,	par *nous* tous,
quicumque vescimur	qui nous nourrissons
munere terræ,	des productions de la terre,
sive erimus reges	soit que nous soyons rois
sive	soit que *nous soyons*
inopes coloni.	de pauvres laboureurs.
Frustra carebimus	En vain nous nous abstiendrons
Marte cruento	de Mars (la guerre) sanglant
fluctibusque fractis	et des flots brisés
Hadriæ rauci,	de la mer-Adriatique *au-bruit*-rauque,
frustra per autumnos	en vain pendant les automnes
metuemus corporibus	nous craindrons pour *nos* corps
Austrum nocentem:	l'Auster qui nuit (funeste):
ater Cocytus	le noir Cocyte
errans flumine languido	qui s'écoule par un cours languissant
visendus	doit-être-visité *par nous*
et genus infame Danai	et la race infâme de Danaüs
Sisyphusque Æolides	et Sisyphe fils-d'Éole
damnatus longi laboris.	condamné à un long travail.

Linquenda tellus et domus et placens
Uxor, neque harum, quas colis, arborum
Te, præter invisas cupressos
Ulla brevem dominum sequetur.
Absumet heres Cæcuba dignior
Servata centum clavibus et mero
Tinget pavimentum superbum
Pontificum potiore cœnis.

Il faudra quitter la terre et ta demeure, et ton épouse chérie; et de tous ces arbres que tu cultives, nul, excepté l'odieux cyprès, ne suivra son maître d'un jour. Un héritier, plus digne de jouir, boira ce Cécube gardé sous cent clefs, et arrosera ton pavé magnifique d'un vin plus exquis que celui des festins sacrés.

Tellus linquenda	La terre doit-être-quittée
et domus	et *ta* maison
et uxor placens,	et *ton* épouse aimable,
neque ulla harum arborum,	et aucun de ces arbres,
quas colis,	que tu cultives,
sequetur te,	*ne* suivra toi,
dominum brevem,	maître de-courte-durée,
præter invisas cupressos.	excepté les odieux cyprès.
Heres dignior	Un héritier plus digne
absumet Cæcuba	consommera le Cécube
servata centum clavibus	gardé sous cent clefs
et tinget	et arrosera
pavimentum superbum	le pavé superbe
mero potiore	d'un vin préférable
cœnis pontificum.	à *celui des* repas des pontifes.

CARMEN XV.

IN SÆCULI SUI LUXUM.

Jam pauca aratro jugera regiæ
Moles relinquent, undique latius
Extenta visentur Lucrino[1]
Stagna lacu platanusque cælebs
Evincet ulmos. Tum violaria et
Myrtus et omnis copia narium
Spargent olivetis odorem
Fertilibus domino priori;
Tum spissa ramis laurea fervidos
Excludet ictus. Non ita Romuli
Præscriptum et intonsi Catonis
Auspiciis veterumque norma.
Privatus illis census erat brevis,
Commune magnum: nulla decempedis
Metata privatis opacam
Porticus excipiebat Arcton[2];
Nec fortuitum spernere cespitem
Leges sinebant, oppida publico
Sumptu jubentes et deorum
Templa novo decorare saxo.

ODE XV.

CONTRE LE LUXE DE SON SIÈCLE.

Bientôt nos royales demeures, masse colossale, laisseront peu d'arpents de terre à la charrue; partout on verra s'étendre des viviers plus grands que le lac Lucrin, et le platane solitaire remplacera l'ormeau. Alors la violette, le myrte, et tous les trésors de l'odorat, répandront leurs parfums aux lieux où l'olivier fertile enrichissait son premier possesseur; alors l'épais feuillage du laurier repoussera les traits brûlants du soleil.

Ce n'est point là ce que nous ont enseigné les exemples de Romulus, le sauvage Caton et la discipline des premiers Romains. Dans ces temps le revenu du citoyen était petit, celui de la république était immense. Un simple particulier n'élevait pas de vastes portiques pour y recevoir les fraîcheurs du Nord. Il n'était point permis de dédaigner l'humble demeure de chaume, et les lois consacraient la richesse publique à embellir les cités, et à tirer des carrières le marbre qui devait décorer le temple des dieux.

CARMEN XV.	ODE XV.
IN LUXUM SUI SÆCULI.	CONTRE LE LUXE DE SON SIÈCLE.
Jam	Bientôt
moles regiæ	*nos* masses (constructions) royales
relinquent aratro	laisseront à la charrue
pauca jugera,	peu d'arpents,
undique visentur	de toutes parts seront vus (on verra)
stagna	des viviers
extenta latius	étendus plus au large (plus spacieux)
lacu Lucrino,	que le lac Lucrin,
platanusque cælebs	et le platane solitaire
evincet ulmos.	chassera les ormeaux.
Tum violaria et myrtus	Alors les violettes et le myrte
et omnis copia narium	et tous les trésors des narines
spargent odorem	répandront de l'odeur
olivetis	dans les lieux-plantés-d'oliviers
fertilibus domino priori;	fertiles pour le maître ancien;
tum laurea	alors le laurier
spissa ramis	épais par les rameaux
excludet	repoussera
ictus fervidos.	les traits brûlants *du soleil.*
Non ita præscriptum	*Il* n'*était* point ainsi prescrit
auspiciis Romuli	par les auspices (exemples) de Romulus
et Catonis	et de Caton
intonsi	aux-cheveux-non-coupés (austère)
normaque veterum.	et par la règle des anciens.
Illis census privatus	A eux le cens (la fortune) particulière
erat brevis,	était petite,
commune magnum:	*le trésor* public *était* grand (riche):
nulla porticus	aucun portique
metata decempedis	mesuré avec des perches-de-dix-pieds
privatis	de-particuliers
excipiebat opacam Arcton;	ne recevait le frais vent-du-nord;
nec leges sinebant	et les lois ne permettaient pas
spernere	de dédaigner
cespitem fortuitum,	le chaume qu'-on-trouve-partout (commun),
jubentes	ordonnant
decorare oppida	d'orner les cités (monuments)
sumptu publico	aux frais publics
et templa deorum	et les temples des dieux
novo saxo.	d'un nouveau rocher (marbre).

CARMEN XVI.

AD GROSPHUM.

Otium divos rogat in patenti
Prensus Ægæo[1], simul atra nubes
Condidit Lunam neque certa fulgent
Sidera nautis;
Otium bello furiosa Thrace,
Otium Medi pharetra decori,
Grosphe[2], non gemmis neque purpura venale neque auro.
Non enim gazæ neque consularis
Submovet lictor miseros tumultus
Mentis et curas laqueata circum
Tecta volantes.
Vivitur parvo bene, cui paternum
Splendet in mensa tenui salinum,
Nec leves somnos timor aut cupido
Sordidus aufert.
Quid brevi fortes jaculamur ævo
Multa? quid terras alio calentes
Sole mutamus? patriæ quis exul
Se quoque fugit?

ODE XVI.

A GROSPHUS.

C'est le repos que demande aux dieux le navigateur surpris au milieu de la mer Egée, lorsque de sombres nuages ont caché la lune, et que les astres, ses guides fidèles, ne brillent plus à ses regards. C'est le repos que demandent le Thrace belliqueux, et le Mède qui pare son épaule d'un carquois; mais ce repos, cher Grosphus, ni les pierres précieuses, ni la pourpre, ni l'or ne sauraient l'acheter. Non, les trésors des rois, les licteurs consulaires, ne peuvent chasser les troubles malheureux de l'âme, ni les soucis qui voltigent sous les lambris dorés.

Il vit content de peu celui qui fait briller sur sa table modeste la salière de ses pères, celui dont le tranquille sommeil n'est troublé ni par la crainte ni par la sordide avarice. Pourquoi, dans une vie si courte, ces ardents désirs qui s'élancent vers tant de buts? Pourquoi chercher des terres qu'échauffe un autre soleil? En s'exilant de sa

CARMEN XVI.

AD GROSPHUM.

Prensus
in patenti Ægæo
rogat otium divos,
simul atra nubes
condidit Lunam
neque sidera certa
fulgent nautis;
Thrace
furiosa bello
otium,
Medi decori pharetra
otium
non venale, Grosphe,
gemmis
neque purpura neque auro.
Non enim gazæ
neque lictor consularis
submovet
tumultus miseros mentis
et curas volantes
circum tecta laqueata.
Vivitur parvo bene,
cui salinum paternum
splendet in mensa tenui,
nec timor
aut cupido sordidus
aufert somnos leves.
Quid ævo brevi
fortes
jaculamur multa?
quid mutamus
terras calentes
alio sole?
quis exul patriæ
se fugit quoque?

ODE XVI.

A GROSPHUS.

Celui *qui est* surpris
sur la vaste mer-Égée
demande le repos aux dieux,
aussitôt qu'un noir nuage
a caché la Lune
et que les astres sûrs
ne brillent plus pour les matelots;
la Thrace
pleine-d'ardeur pour la guerre
demande le repos *aux dieux*,
les Mèdes parés du carquois
demandent aux dieux le repos,
qui n'est pas achetable, Grosphus,
avec des pierres-précieuses
ni avec de la pourpre ni avec de l'or.
Car ni les trésors
ni le licteur consulaire
n'écarte
les troubles malheureux de l'âme
et les soucis qui-voltigent
autour des maisons ornées-de-lambris.
Il est vécu de peu heureusement,
pour celui à qui la salière de-ses-pères
brille sur une table modeste,
ni la crainte
ou l'avarice sordide
ne *lui* enlève le sommeil léger (facile).
Pourquoi dans une vie courte
faisant-les-braves
visons nous à beaucoup de choses?
pourquoi échangeons-nous *contre notre*
des terres échauffées [*patrie*
par un autre soleil?
quel exilé de la patrie
se fuit aussi?

Scandit æratas vitiosa naves
Cura nec turmas equitum relinquit,
Ocior cervis et agente nimbos
Ocior Euro.
Lætus in præsens animus, quod ultra est,
Oderit curare et amara lento
Temperet risu. Nihil est ab omni
Parte beatum.
Abstulit clarum cita mors Achillem,
Longa Tithonum minuit senectus,
Et mihi forsan, tibi quod negarit,
Porriget hora [3].
Te greges centum Siculæque circum
Mugiunt vaccæ, tibi tollit hinnitum
Apta quadrigis equa, te bis Afro
Murice tinctæ
Vestiunt lanæ : mihi parva rura et
Spiritum Graiæ tenuem Camenæ
Parca non mendax [4] dedit et malignum
Spernere vulgus.

patrie se fuit-on soi-même? Le chagrin qui nous ronge monte avec nous sur les vaisseaux armés d'airain ; il suit les escadrons guerriers, plus léger que les cerfs, plus rapide que l'Eurus qui chasse les nuages.

Que l'âme satisfaite du présent craigne de s'inquiéter de l'avenir ; qu'un joyeux sourire adoucisse nos peines. Il n'est point de bonheur parfait. Une mort prématurée surprit Achille au milieu de sa gloire ; Tithon languit dans une éternelle vieillesse, et le Destin me donnera peut-être ce qu'il t'aura refusé. Autour de toi mugissent cent troupeaux, cent génisses de Sicile ; près de toi hennissent des cavales dignes d'un quadrige ; pour toi la laine est deux fois teinte de la pourpre d'Afrique, et moi, je tiens de la faveur du sort un petit champ, l'ingénieuse inspiration qui anima les Grecs, et une âme qui sait mépriser les jalouses clameurs du vulgaire.

Cura vitiosa	Le souci qui-gâte-*l'âme*
scandit naves	monte sur les vaisseaux
æratas	armés-d'-airain
nec relinquit	et ne quitte pas
turmas equitum,	les escadrons de cavaliers,
ocior cervis	plus rapide que les cerfs
et ocior Euro	et plus rapide que l'Eurus
agente nimbos.	chassant les nuages.
Animus lætus	Que l'esprit joyeux
in præsens	pour le *moment* présent
oderit curare	évite de s'inquiéter
quod est ultra	de ce qui est au delà (de l'avenir)
et temperet risu lento	et qu'il adoucisse par un rire modéré
amara.	les choses amères (les peines).
Nihil est beatum	Rien n'est heureux
ab omni parte.	de tous côtés (parfaitement).
Mors cita	Une mort prompte (prématurée)
abstulit clarum Achillem,	a enlevé le célèbre Achille,
longa senectus	une longue vieillesse
minuit Tithonum,	a affaibli Tithon,
et forsan hora	et peut-être l'heure (le destin)
porriget mihi	offrira à moi
quod negarit tibi.	ce qu'il aura refusé à toi.
Circum te mugiunt	Autour de toi mugissent
centum greges	cent troupeaux
vaccæque Siculæ;	et *cent* génisses de-Sicile,
tibi equa	pour toi une cavale
apta quadrigis	bonne *à être attelée* à *ton* quadrige
tollit hinnitum,	élève (pousse) des hennissements,
lanæ tinctæ bis	la laine teinte deux fois
murice Afro	de la pourpre africaine (de Tyr)
vestiunt te :	revêt toi :
Parca non mendax	la Parque non menteuse
dedit mihi parva rura	a donné à moi un petit champ
et spiritum tenuem	et l'inspiration ingénieuse
Camenæ Graiæ	de la Muse grecque
et spernere	et *le don* de mépriser
vulgus malignum.	la foule envieuse.

CARMEN XVII.

AD MÆCENATEM.

Cur me querelis exanimas tuis?
Nec dis amicum est nec mihi te prius
Obire, Mæcenas, mearum
Grande decus columenque rerum.
Ah! te meæ si partem animæ rapit
Maturior vis, quid moror altera,
Nec carus æque nec superstes
Integer? Ille dies[1] utramque
Ducet ruinam. Non ego perfidum
Dixi sacramentum: ibimus, ibimus,
Utcumque præcedes, supremum
Carpere iter comites parati.
Me nec Chimæræ[2] spiritus igneæ,
Nec, si resurgat centimanus Gyas[3],
Divellet unquam: sic potenti
Justitiæ placitumque Parcis.
Seu Libra, seu me Scorpius adspicit
Formidolosus, pars violentior
Natalis horæ, seu tyrannus
Hesperiæ Capricornus undæ,

ODE XVII.

A MÉCÈNE.

Pourquoi me déchirer l'âme par tes plaintes? Non, tu ne mourras point avant moi, Mécène, ô ma gloire, ô mon illustre appui! ni les dieux ni mon cœur ne sauraient y consentir. Ah! si un coup prématuré m'enlevait en toi la moitié de mon être, qui retiendrait encore sur la terre l'autre moitié, la moins chère pour moi, et veuve d'une partie d'elle-même? Le même jour nous emportera tous deux. Je l'ai juré, je ne trahirai point mon serment: dès que tu me montreras le chemin, nous irons, nous irons ensemble, prêts à faire tous deux le dernier voyage. Ni le souffle enflammé de la Chimère, ni Gyas se relevant avec ses cent bras, rien ne pourrait me séparer de toi. Ainsi l'a voulu la puissante Astrée, ainsi l'a voulu le Destin. Que je sois né sous l'empire de la Balance, ou sous l'aspect du Scorpion, témoin sinistre à l'heure de la naissance, ou sous le Capricorne qui règne en

CARMEN XVII.

AD MÆCENATEM.

Cur me exanimas
tuis querelis?
Est amicum nec dis
nec mihi
te obire prius,
Mæcenas,
grande decus columenque
mearum rerum.
Ah! si vis
maturior
rapit te
partem meæ animæ,
quid moror
altera,
nec æque carus,
nec superstes integer?
Ille dies ducet
utramque ruinam.
Ego non dixi
sacramentum perfidum:
utcumque præcedes,
ibimus, ibimus
comites parati
carpere supremum iter.
Nec spiritus
Chimæræ igneæ
divellet me unquam,
nec, si Gyas
centimanus
resurgat:
sic placitum
Justitiæ potenti
Parcisque.
Seu Libra,
seu Scorpius formidolosus,
pars violentior
horæ natalis,
adspicit me,
seu Capricornus
tyrannus undæ Hesperiæ,

ODE XVII.

A MÉCÈNE.

Pourquoi me fais-tu-mourir
par tes plaintes?
Il n'est agréable ni aux dieux
ni à moi
toi mourir (que tu meures) avant *moi*,
Mécène,
noble ornement et soutien
de ma fortune.
Ah! si la force *de la mort*
plus prompte *que pour moi*
enlève toi
partie (moitié) de mon âme,
pourquoi resté-je (resterais-je) *sur terre*
moi l'autre *partie*,
et n'*étant* pas également cher *à moi-même*,
et ne survivant pas entier?
Ce jour-là entraînera
l'une et l'autre chute (nos deux morts).
Pour moi je n'ai point prononcé
un serment perfide:
dès que tu *me* précéderas,
nous irons, nous irons *ensemble*,
compagnons préparés
à faire le dernier voyage.
Ni le souffle
de la Chimère enflammée
ne séparera moi jamais,
ni, quand même Gyas
aux-cent-mains
se relèverait:
ainsi il a plu
à la Justice puissante
et aux Parques.
Soit que la Balance,
soit que le Scorpion formidable,
partie (astre) plus tyrannique
de l'heure natale,
regarde moi,
soit que le Capricorne
tyran de l'onde d'-Hespérie *regarde moi*,

Utrumque nostrum incredibili modo
Consentit astrum. Te Jovis impio
Tutela Saturno refulgens[4]
Eripuit volucrisque Fati
Tardavit alas, quum populus frequens
Lætum theatris ter crepuit sonum[5] :
Me truncus illapsus cerebro[6]
Sustulerat, nisi Faunus ictum
Dextra levasset, Mercurialium
Custos virorum. Reddere victimas
Ædemque votivam memento
Nos humilem feriemus agnam.

tyran sur la mer d'Hespérie, une incroyable sympathie unit nos deux étoiles.

Jupiter opposant son éclat tutélaire à l'astre de Saturne t'arracha naguère à sa funeste influence et suspendit le vol rapide de la mort. C'est alors qu'un peuple innombrable fit retentir trois fois le théâtre de ses cris d'allégresse : et moi, un arbre en tombant sur ma tête m'enlevait à la vie, si Faune, qui veille sur les favoris de Mercure, n'eût de sa main tutélaire détourné le coup fatal.

N'oublie pas d'immoler des victimes et d'élever le temple que tu promis aux dieux; moi, je leur offrirai l'humble sacrifice d'un agneau.

nostrum astrum utrumque	notre étoile l'une-et-l'autre (nos deux
consentit	s'accordent [étoiles)
modo incredibili.	d'une manière incroyable.
Tutela Jovis	L'appui (l'astre tutélaire) de Jupiter
refulgens	brillant-en-face
Saturno impio	de Saturne funeste
eripuit te	a enlevé (a sauvé) toi
tardavitque alas	et a retardé les ailes (le vol)
Fati volucris,	du Destin (de la mort) rapide,
quum populus frequens	lorsque le peuple nombreux
crepuit ter theatris	fit-entendre trois-fois au théâtre
sonum lætum :	un bruit joyeux :
truncus	un tronc *d'arbre*
illapsus cerebro	étant tombé-sur *ma* tête
sustulerat me,	avait (aurait) enlevé (tué) moi,
nisi Faunus, custos	si Faune, le protecteur
virorum Mercurialium,	des hommes favorisés-de-Mercure,
levasset ictum	n'eût allégé (détourné) le coup
dextra.	avec *sa* droite.
Memento	Souviens-toi
reddere victimas	de rendre (payer) les victimes
ædemque votivam :	et le temple promis :
nos feriemus	nous (moi) nous immolerons
humilem agnam.	un humble agneau.

CARMEN XVIII.

IN DIVITUM CUPIDITATEM.

Non ebur neque aureum
Mea renidet in domo lacunar,
Non trabes Hymettiæ [1]
Premunt columnas ultima recisas
Africa, neque Attali [2]
Ignotus heres regiam occupavi,
Nec Laconicas [3] mihi
Trahunt honestæ purpuras clientæ.
At fides [4] et ingeni
Benigna vena est, pauperemque dives
Me petit : nihil supra
Deos lacesso nec potentem amicum
Largiora flagito,
Satis beatus unicis Sabinis.
Truditur dies die,
Novæque pergunt interire Lunæ.
Tu secanda marmora
Locas sub ipsum funus et sepulcri
Immemor struis domos,
Marisque Baiis [5] obstrepentis urges
Submovere littora,
Parum locuples continente ripa.

ODE XVIII.

CONTRE LA CUPIDITÉ DES RICHES.

Ni l'ivoire ni les lambris dorés ne brillent dans ma demeure ; les marbres de l'Hymette n'y pèsent point sur des colonnes taillées aux extrémités de l'Afrique. Héritier inconnu, je n'ai point envahi le palais d'un nouvel Attale, et de nobles clientes ne filent pas pour moi la pourpre de Laconie. Mais j'ai une lyre, une heureuse veine poétique, et, quoique pauvre, je suis recherché du riche. Je ne demande rien de plus aux dieux, et je n'importune point un ami puissant pour avoir de plus grands biens : ma terre de Sabine suffit à mon bonheur.

Le jour chasse le jour, la lune se renouvelle et se précipite vers son déclin ; et toi, à la veille de tes funérailles, tu fais scier des marbres ; sans songer au tombeau, tu construis des palais ; le continent te semble trop étroit, et tu forces la mer qui mugit près de

<table>
<tr><td>

CARMEN XVIII.

IN CUPIDITATEM DIVITUM.

Ebur non renidet
in mea domo
neque lacunar aureum,
trabes Hymettiæ
non premunt columnas
recisas Africa ultima,
neque occupavi
heres ignotus
regiam Attali,
nec honestæ clientæ
trahunt mihi
purpuras Laconicas.
At fides est
et vena benigna ingeni,
divesque petit
me pauperem:
lacesso deos
nihil supra
nec flagito
amicum potentem
largiora,
satis beatus
unicis Sabinis.
Dies truditur die,
novæque Lunæ
pergunt interire.
Tu sub funus ipsum
locas
marmora secanda
et immemor sepulcri
struis domos,
urgesque
submovere littora maris
obstrepentis Baiis,
parum locuples
ripa continente.

</td><td>

ODE XVIII.

CONTRE LA CUPIDITÉ DES RICHES.

L'ivoire ne brille pas
dans ma maison
ni les lambris dorés,
des poutres *de marbre* de-l'Hymette
n'*y* chargent point des colonnes
taillées dans l'Afrique extrême,
et je n'ai point envahi
héritier inconnu
le palais d'Attale,
ni de nobles clientes
ne filent pour moi
la pourpre de-Laconie.
Mais une lyre est *à moi*
et une veine féconde de génie,
et le riche recherche
moi pauvre:
je ne demande aux dieux
rien au delà
et je ne sollicite pas
d'un ami puissant
des biens plus abondants,
suffisamment heureux
de *mon* unique terre-de-Sabine.
Le jour est chassé par le jour,
et de nouvelles Lunes
continuent de finir.
Toi au moment de la mort même
tu mets-en-adjudication
des marbres devant être sciés
et oubliant le tombeau
tu construis des maisons,
et tu t'empresses
de reculer le rivage de la mer
qui-murmure-près de Baïes,
trop peu riche
de la rive qui-tient-au-continent.

</td></tr>
</table>

Quid? quod usque proximos
Revellis agri terminos et ultra
Limites clientium
Salis avarus? Pellitur paternos
In sinu ferens deos
Et uxor et vir sordidosque natos.
Nulla certior tamen
Rapacis Orci fine destinata
Aula divitem manet
Herum. Quid ultra tendis? Æque tellus
Pauperi recluditur
Regumque pueris, nec satelles Orci
Callidum Promethea [6]
Revexit, auro captus. Hic superbum
Tantalum atque Tantali
Genus [7] coercet; hic levare functum
Pauperem laboribus
Vocatus atque non vocatus audit.

Baïes à reculer son rivage. Le dirai-je? tu arraches les bornes des champs voisins, et ta cupidité franchit les limites de tes clients. Tu chasses de leurs foyers et l'épouse et l'époux, emportant dans leur sein les dieux de leurs pères et leurs enfants demi-nus. Et cependant il n'est pas pour le riche de palais plus assuré que le palais de Pluton, dont tout est la proie. Que cherches-tu de plus? La terre s'ouvre également pour le pauvre et pour les enfants des rois. L'incorruptible gardien des enfers n'a pas, séduit par l'or, fait repasser l'Achéron à l'ingénieux Prométhée. Il retient toujours le fier Tantale et toute sa race; et, que le pauvre l'invoque ou ne l'invoque pas, il l'exauce toujours en terminant ses peines.

Quid? quod usque	Que *dis-je?* puisque (bien plus) sans-cesse
revellis terminos agri	tu arraches les bornes du champ
proximos	voisines (les bornes du champ voisin)
et avarus salis	et avide tu sautes
ultra limites clientium?	par-dessus les bornes des clients?
Et uxor et vir pellitur	Et l'épouse et l'époux sont chassés
ferens in sinu	emportant dans *leur* sein
deos paternos	les dieux de-leurs-pères
natosque sordidos.	et leurs enfants couverts-de-haillons.
Nulla aula tamen	Aucun palais pourtant
manet herum divitem	*n'*attend le maître riche
certior	*qui lui soit* plus assuré
destinata	*que le palais* assigné-d'-avance
fine Orci rapacis.	par le terme de Pluton avide.
Quid tendis ultra?	Pourquoi tends-tu au delà?
Tellus recluditur æque	La terre s'ouvre également
pauperi	pour le pauvre
puerisque regum,	et pour les enfants des rois,
nec satelles Orci	ni le gardien de Pluton (Charon)
revexit, captus auro,	n'a ramené, séduit par l'or,
callidum Promethea.	l'ingénieux Prométhée.
Hic coercet	Celui-là (Pluton) retient
superbum Tantalum	le superbe Tantale
atque genus Tantali;	et la race de Tantale;
hic vocatus	celui-là appelé
atque non vocatus	et non appelé
levare pauperem	à soulager le pauvre
functum laboribus	qui s'est acquitté (a supporté) des travaux
audit.	*l'*exauce.

CARMEN XIX.

IN BACCHUM.

Bacchum in remotis carmina rupibus
Vidi docentem, credite, posteri,
Nymphasque discentes et aures
Capripedum Satyrorum acutas.
Evoe [1], recenti mens trepidat metu,
Plenoque Bacchi pectore turbidum
Lætatur. Evoe, parce, Liber,
Parce, gravi metuende thyrso.
Fas pervicaces est mihi Thyadas [2]
Vinique fontem lactis et uberes
Cantare rivos, atque truncis
Lapsa cavis iterare mella;
Fas et beatæ conjugis additum
Stellis honorem [3] tectaque Penthei [4]
Disjecta non leni ruina,
Thracis et exitium Lycurgi [5].
Tu flectis amnes [6], tu mare barbarum [7],
Tu separatis uvidus in jugis
Nodo coerces viperino
Bistonidum [8] sine fraude crines:

ODE XIX.

A BACCHUS.

J'ai vu, n'en doutez pas, races futures, j'ai vu sur une roche écartée, Bacchus enseignant l'art des vers; les Nymphes l'écoutaient, et les Satyres aux pieds de chèvre dressaient leurs oreilles. Evoé! mon cœur frémit encore de terreur; plein de ta divinité, ô Bacchus, mon sein palpite de trouble et de joie. Evoé! épargne-moi, épargne-moi, Bacchus, ô toi qui fais tout trembler sous ton thyrse redoutable!

Je puis chanter les Thyades indomptables, les fontaines de vin, les larges ruisseaux de lait, et le miel qui coule du creux des chênes; je puis chanter la couronne de ton heureuse épouse, nouvel ornement de la voûte céleste, et la chute terrible de la maison de Penthée, et la mort du Thrace Lycurgue.

Tu domptes les fleuves et les mers barbares. Échauffé de ta liqueur divine, tu vas sur les monts solitaires enlacer les vipères en nœuds innocents dans la chevelure des Bacchantes. Quand la cohorte impie

CARMEN XIX.

IN BACCHUM.

Vidi Bacchum,
credite, posteri,
docentem carmina
in rupibus remotis
Nymphasque discentes
et aures acutas
Satyrorum capripedum.
Evoe, mens trepidat
metu recenti,
pectoreque pleno Bacchi
lætatur turbidum.
Evoe,
Liber, parce,
parce, metuende
thyrso gravi.
Est fas mihi cantare
Thyadas pervicaces
fontemque vini
et rivos uberes lactis,
atque iterare
mella lapsa truncis cavis;
fas et
honorem beatæ conjugis
additum stellis
tectaque Penthei disjecta
ruina non leni,
et exitium
Thracis Lycurgi.
Tu flectis amnes,
tu mare barbarum,
tu uvidus
in jugis separatis
coerces nodo viperino
crines Bistonidum
sine fraude :

ODE XIX.

A BACCHUS.

J'ai vu Bacchus,
croyez-*moi*, descendants,
enseignant des chants
sur des rochers écartés
et les Nymphes qui apprenaient
et les oreilles pointues
des Satyres aux-pieds-de-chèvre.
Evoé, *mon* âme frémit
d'une terreur nouvelle,
et le cœur plein de Bacchus
elle se réjouit avec-trouble.
Evoe,
Bacchus, épargne-*moi*,
épargne-*moi*, *Dieu* redoutable
par *ton* thyrse terrible.
Il est permis à moi de chanter
les Thyades indomptables
et les fontaines de vin
et les ruisseaux abondants de lait,
et de raconter
le miel qui tombe des troncs creux ;
il m'est permis aussi *de chanter*
l'ornement de *ton* heureuse épouse
ajouté aux étoiles
et la maison de Penthée renversée
par une ruine non légère (terrible),
et la mort
du Thrace Lycurgue.
Toi tu domptes les fleuves,
tu *domptes* la mer barbare,
toi humide *de vin* (légèrement ivre)
sur les monts séparés (solitaires)
tu enlaces d'un nœud de-vipères
les cheveux des *femmes* thraces
sans dommage (sans danger) :

Tu, quum parentis regna per arduum
Cohors Gigantum scanderet impia,
Rhœtum [9] retorsisti leonis
Unguibus horribilique mala;
Quanquam choreis aptior et jocis
Ludoque dictus, non sat idoneus
Pugnæ ferebaris : sed idem
Pacis eras mediusque belli.
Te vidit insons Cerberus aureo
Cornu [10] decorum, leniter atterens
Caudam et recedentis trilingui
Ore pedes tetigitque crura.

des Géants, franchissant la hauteur des cieux, escaladait le palais de ton père, on t'a vu, lion terrible, repousser Rhétus avec tes ongles et ta gueule effroyable. Et pourtant, tu n'étais fait, disait-on, que pour les jeux, les danses et les plaisirs, et l'on te croyait inhabile aux combats : mais tu étais à la fois le dieu de la paix, et le dieu de la guerre. Cerbère lui-même, à ta sortie des enfers, en voyant les cornes d'or qui paraient ton front, oublia sa fureur ; sa queue frappa doucement la terre, et de sa triple langue il caressa tes pieds et tes genoux.

———

Quum cohors impia
Gigantum
scanderet per arduum
regna parentis,
tu retorsisti Rhœtum
unguibus leonis
malaque horribili ;
quanquam dictus
aptior choreis
et jocis ludoque,
non ferebaris
sat idoneus pugnæ :
sed idem eras
medius pacis bellique.
Cerberus vidit te
decorum cornu aureo
insons,
et atterens leniter caudam
tetigit
ore trilingui
pedes cruraque
recedentis.

Quand la cohorte impie
des Géants
escaladait à travers l'*espace* élevé
l'empire de *ton* père,
toi tu as repoussé Rhétus
avec les ongles d'un lion
et *sa* mâchoire effroyable ;
pourtant renommé
pour être plus propre aux danses
et aux jeux et au plaisir,
tu n'étais pas cité
comme assez propre au combat : [ment)
mais *toi* le même tu étais (tu étais égale-
aussi-propre à la paix et à la guerre.
Cerbère vit toi
orné d'une corne d'-or
sans-*te*-faire-de-mal,
et en remuant doucement la queue
il toucha (il lécha)
de *sa* gueule à-trois-langues
les pieds et les jambes
de toi qui sortais *de l'enfer.*

CARMEN XX.

AD MÆCENATEM.

Non usitata nec tenui ferar
Penna[1] biformis[2] per liquidum æthera
Vates, neque in terris morabor
Longius invidiaque major
Urbes relinquam. Non ego pauperum
Sanguis parentum, non ego, quem vocas,
Dilecte Mæcenas, obibo,
Nec Stygia cohibebor unda.
Jamjam residunt cruribus asperæ
Pelles et album mutor in alitem
Superne nascunturque leves
Per digitos humerosque plumæ.
Jam Dædaleo ocior Icaro[3],
Visam gementis littora Bospori[4]
Syrtesque Gætulas[5] canorus
Ales Hyperboreosque campos[6].

ODE XX.

A MÉCÈNE.

Porté sur une aile puissante et inconnue aux mortels, je vais, sous une double forme, m'élancer dans les plaines de l'air. Je ne serai pas retenu plus longtemps sur la terre, et, vainqueur de l'envie, j'abandonnerai le séjour des hommes. Non, je ne mourrai point, moi, rejeton d'une pauvre famille, moi, que tu appelles près de toi, cher Mécène, et je ne serai point enfermé dans les contours du Styx. Déjà une peau plus rude s'étend sur mes jambes ; ma tête est celle d'un oiseau au blanc plumage, et des plumes naissantes revêtent d'un duvet argenté mes mains et mes épaules.

Bientôt plus rapide que le fils de Dédale, j'irai, chantre mélodieux, visiter les rivages mugissants du Bosphore, les Syrtes de Gétulie et les champs hyperboréens. L'habitant de la Colchide, le

CARMEN XX.	ODE XX.
AD MÆCENATEM.	A MÉCÈNE.
Vates biformis	Poëte de-deux-natures
ferar	je serai porté
per æthera liquidum	à travers l'air transparent
penna non usitata	sur une aile non ordinaire
nec tenui,	ni faible,
neque morabor longius	et je ne resterai pas plus longtemps
in terris	sur la terre
majorque invidia	et plus-grand que l'envie
relinquam urbes.	je quitterai les villes.
Non obibo	Je ne mourrai pas
ego sanguis	moi sang (fils)
parentum pauperum,	de parents pauvres,
non	*je* ne *mourrai* pas
ego, quem vocas,	moi, que tu appelles *près de toi*,
dilecte Mæcenas,	cher Mécène,
nec cohibebor	et je ne serai pas retenu
unda Stygia.	par l'eau du-Styx.
Jamjam pelles asperæ	Déjà une peau rude
residunt cruribus	s'établit (s'étend) sur *mes* jambes
et mutor superne	et je suis changé par-le-haut
in alitem album	en un oiseau blanc
plumæque leves nascuntur	et des plumes légères naissent
per digitos humerosque.	sur *mes* doigts et *mes* épaules.
Jam ocior	Bientôt plus rapide
Icaro Dædaleo	qu'Icare fils-de-Dédale
visam littora	je visiterai les rivages
Bospori gementis	du Bosphore mugissant
alesque canorus	et *devenu* oiseau mélodieux
Syrtes Gætulas	*je visiterai* les Syrtes de-Gétulie
camposque Hyperboreos.	et les champs hyperboréens.

Me Colchus[7] et qui dissimulat metum
Marsæ cohortis[8] Dacus[9] et ultimi
  Noscent Geloni[10], me peritus
 Discet Hiber[11] Rhodanique potor[12].
Absint inani funere neniæ[13]
Luctusque turpes et querimoniæ;
  Compesce clamorem ac sepulcri
 Mitte supervacuos honores.

Dace qui dissimule l'effroi que lui causent les bataillons marses, et le Gélon, aux extrémités du monde, connaîtront mes vers. L'Ibérie devenue plus savante, et le peuple qui boit les eaux du Rhône, entendront parler de moi. Que les chants funèbres, les lamentations, le deuil et les honteux gémissements n'accompagnent pas mes vaines funérailles: retiens tes plaintes et épargne-moi les honneurs superflus du tombeau.

Colchus
et Dacus qui dissimulat
metum cohortis Marsæ
et Geloni ultimi
noscent me,
Hiber peritus,
potorque Rhodani
discet me.
Neniæ
luctusque turpes
et querimoniæ
absint funere inani;
compesce clamorem
ac mitte
honores supervacuos
sepulcri.

L'habitant-de la-Colchide
et le Dace qui dissimule
sa crainte de la cohorte marse
et les Gélons lointains
connaîtront moi,
l'Ibère, *quand il sera* instruit,
et celui-qui-boit le Rhône
apprendra moi (me connaîtra).
Que les chants-lugubres
et le deuil hideux
et les plaintes
manquent à *mes* funérailles vaines;
retiens les cris
et néglige
les honneurs superflus
d'un tombeau.

NOTES.

ODE I.

Note 1. *Metello consule*. L'an de Rome 694, temps où éclatèrent les brouilleries entre César et Pompée.

— 2. *Vitia* veut bien dire ici les fautes des chefs. De même Cicéron : *Cujus me facti pœnituit, non tam propter periculum meum, quam propter vitia multa, quæ ibi offendi.*

— 3. *Principum amicitias*. Le fameux triumvirat de César, Pompée et Crassus.

— 4. *Pollio*. C. Asinius Pollion. Il fut, comme Mécène, le protecteur d'Horace et de Virgile. Il passa du parti de Pompée à celui de César, servit Antoine, fut consul l'an de Rome 713, et prit Salone aux Dalmates révoltés, ce qui lui valut les honneurs du triomphe : *Dalmatico peperit triumpho*. Il renonça de bonne heure à la carrière politique et se voua tout entier aux lettres. Il avait écrit des tragédies et une histoire des guerres civiles de Rome en vingt-sept livres. Ces ouvrages ont été perdus

— 5. *Dalmatico*. La Dalmatie fait partie de l'ancienne Illyrie.

— 6. *Atrocem* est pris ici en bonne part, comme souvent *sævus*.

— 7. *Amicior*. Les dieux qui favorisaient les Numides dans la guerre de Jugurtha, s'étaient retirés sans avoir vengé la défaite de ces peuples ; mais ils immolèrent ensuite les descendants de ces mêmes Romains, comme des victimes offertes aux mânes du prince africain.

— 8. *Dauniæ* pour *Romanæ*. La Daunie était une partie de l'Apulie.

— 9. *Ceæ... neniæ*. La Muse plaintive de Céos, c'est-à-dire les élégies de Simonide, qui était de Céos, île de la mer Égée.

— 10. *Dionæo*. Dionée, surnom de Vénus, fille de Jupiter et de Dioné. C'est cette Vénus qui épousa Vulcain. (Cicer. *de Nat. Deor.*, lib. II.)

ODE II.

Note 1. *Crispe Sallusti*. Petit-fils ou petit-neveu du célèbre historien de ce nom.

— 2. *Proculeius.* Chevalier romain, beau-frère de Mécène, qui avait épousé sa sœur, et, comme Mécène, en grande faveur auprès d'Auguste. Il partagea son patrimoine avec ses frères, que le malheur des guerres civiles avait dépouillés de leurs biens.

— 3. *Gadibus.* Cadix, du mot phénicien *gadir,* « haie, retranchement, » dont les Latins on fait *Gades.* Cette ville est située dans une île nommée anciennement *Erythræa insula,* à l'extrémité méridionale de l'Espagne.

— 4. *Uterque Pœnus.* L'une et l'autre Carthage, c'est-à-dire la Carthage d'Afrique et celle d'Espagne.

— 5. *Oculo irretorto,* c'est-à-dire sans détourner les yeux des monceaux d'or, et sans se laisser éblouir et séduire par l'éclat de l'or.

ODE III.

Note 1. *Delli.* C'est Dellius l'historien, dont parlent Dion, Plutarque et Sénèque.

— 2. *Inacho.* Inachus, premier roi d'Argos.

ODE IV.

Note 1. *Serva Briseis. Serva,* esclave qui avait été prise à la guerre. —*Briseis,* du nom de son père, *Brises.* Son véritable nom était Hippodamie.

— 2. *Ajacem Telamone natum. Telamone natum,* pour le distinguer d'Ajax, fils d'Oïlée.

— 3. *Tecmessæ.* C'était la fille d'un roi d'une petite province de Phrygie.

— 4. *Virgine rapta* désigne Cassandre, enlevée une première fois par Ajax et qui le fut ensuite par Agamemnon, lequel la ravit à Ajax.

— 5. *Thessalo victore,* Achille, qui était de Thessalie.

ODE V.

Note 1. *Cnidiusve.* Gnide, ville de Carie (Dorique), à l'entrée du golfe Céramique.

— 2. *Discrimen obscurum... ambiguoque vultu.* Ces derniers mots ont sans doute inspiré ces vers charmants d'Ausone :

Dum dubitat natura marem faceretne puellam,
Factus es, o pulcher, pene puella, puer.

Ovide a exprimé aussi avec bonheur la même pensée :

Talis erat cultu facies, quam dicere vere
Virgineam in puero, puerilem in virgine posses.

ODE VI.

Note 1. *Septimi*. Septimius, chevalier romain, ami d'Horace et son compagnon d'armes. C'est lui qu'Horace recommande à Claudius Néron dans l'épître IX du livre I :

Septimius, Claudi, nimirum intelligit unus, etc.

— 2. *Gades*, Cadix. Voy. ci-dessus la note 3 sur l'ode II du présent livre.

— 3. *Cantabrum indoctum juga ferre nostra.* Les Cantabres furent les derniers peuples de l'Espagne subjugés par les Romains. Ils habitaient la partie de la Péninsule représentée aujourd'hui par le Guipuscoa, la Biscaye et la Navarre.

— 4. *Syrtes*. Voy. liv. I, ode XXII, v. 5, et aux notes.

— 5. *Tibur*. Voy. même liv., ode VII, v. 13, et aux notes.

— 6. *Galæsi*, aujourd'hui *Galaso*, le Galèse, rivière de la Calabre C'est sur les bords du Galèse que Virgile a placé son vieillard Cilicien, industrieux cultivateur d'un maigre terrain, et dont il fait un portrait si touchant (*Géorg.*, IV, 125) :

Namque sub Œbaliæ memini me turribus altis,
Qua niger humectat flaventia culta Galæsus,
Corycium vidisse senem, cui pauca relicti, etc.

— 7. *Phalanto*. Des Lacédémoniens, sous la conduite de Phalante, vinrent en Italie fonder la ville de Tarente. — *Regnata Phalanto*. On trouve dans Virgile la même construction : *Acri quondam regnata Lycurgo.*

— 8. *Hymetto*. Le mont Hymette, près d'Athènes, célèbre par son marbre, son thym et ses abeilles.

— 9. *Venafro*. Vénafre, petite ville aux environs de Capoue. Son territoire produisait des olives qui donnaient une huile excellente. Cette huile portait le nom de Vénafre ; Horace en parle souvent.

— 10. *Aulon*. Montagne près de Tarente.

ODE VII.

Note 1. *Bruto*. Horace avait servi sous Brutus dans la guerre que Brutus et Cassius soutenaient contre Antoine et Octave.

— 2. *Philippos.* Philippes, ville de Thessalie. C'est auprès de cette ville que Brutus et Cassius perdirent, contre Octave, la bataille décisive qui laissait le parti républicain sans défenseurs.

— 3. *Bellum.* La guerre que le fils de Pompée ralluma en Sicile.

— 4. *Quem Venus arbitrum dicet bibendi?* On appelait *Vénus* le coup de dés que nous nommons rafle de six. Celui qui l'amenait était roi du festin. Voy. liv. I, IV, v. 18 : *Non regna vini sortiere talis.*

— 5. *Edonis.* Peuple de la Thrace pris ici pour les Thraces eux-mêmes, chez lesquels Bacchus était particulièrement honoré.

ODE VIII.

Note 1. *Simplices Nymphæ. Simplices* ou parce qu'elles sont sans affectation, ou parce qu'elles sont d'humeur douce, sans malice et qu'elles pardonnent volontiers. C'est dans ce dernier sens que Virgile les a appelés *faciles* :

Et quo... sed faciles Nymphæ risere, sacello.

ODE IX.

Note 1. *Mare Caspium.* La mer Caspienne sur les confins de l'Europe et de l'Asie. Les anciens la nommaient quelquefois *Hyrcanum mare.* Ils la supposaient bien plus étendue de l'ouest à l'est qu'elle ne l'est réellement. Pomponius Méla nous la dépeint ainsi : *Mare Caspium omne atrox, sævum, sine portubus, procellis undique expositum ac belluis magis quam cætera refertum, et ideo minus navigabile.* Ce portrait ne manque pas de ressemblance : la navigation y est encore dangereuse aujourd'hui.

— 2. *Armeniis.* L'Arménie, contrée de l'Asie occidentale, en deçà et au delà de l'Euphrate. Elle n'a pas changé de nom.

— 3. *Valgi.* Titus Valgius, poëte célèbre dont il ne nous reste rien. C'est le même dont parle Horace, dans la Xe sat. du liv. I, et dont Tibulle a dit que personne n'avait approché de plus près Homère :

Valgius, æterno propior non alter Homero.

— 4. *Gargani.* Montagne de l'Apulie, aujourd'hui mont *Saint-Ange,* dans le royaume de Naples.

— 5. *Mysten.* Sans doute un fils de Valgius. Ce qui porte à le croire, c'est que tous les exemples qu'Horace allègue ici sont de pères qui pleurent leurs enfants : Nestor, qui pleure Antiloque ; Priam et Hécube, qui pleurent Troïle.

— 6. *Desine.... querelarum.* Nous trouverons encore au liv. III, XXVII, un hellénisme semblable : *Abstineto irarum.*

— 7. *Niphaten.* Le Niphate, montagne d'Arménie, aujourd'hui mont Nimrod. Un fleuve du même nom y prend sa source; le Tigre y a aussi la sienne.

— 8. *Medumque flumen.* L'Euphrate dont Strabon a dit : *Euphrates dictus est primum Medus.*

— 9. *Gelonos.* Les Gélons, peuple de la Sarmatie d'Europe. Ils s'étaient établis sur la droite du Borysthène (au sud de Kiof), mais dans la suite ils s'avancèrent vers la Thrace, au voisinage des Bisaltes.

ODE X.

Note 1. *Licini.* Licinius Varo Muréna, frère de Térentia, femme de Mécène, et de Proculéius, dont il est parlé dans l'ode II du présent livre : *Notus in fratres animi paterni.* Licinius conspira contre Auguste avec Fannius Cæpio, l'an de Rome 731.

— 2. *Tacentem musam.* Claudien dit de même : *Sopitos cantus.*

ODE XI.

Note 1. *Hirpine Quincti.* Suivant Gagliani cet Hirpinus était probablement un des secrétaires de Mécène.

ODE XII.

Note 1. *Numantiæ.* Numance était une des villes les plus célèbres de l'Ibérie. Elle résista huit ans aux Romains ; elle fut enfin prise et rasée par le second Scipion. Horace lui donne l'épithète de *fera*, pour marquer la valeur féroce de ses habitants, qui aimèrent mieux s'entre-tuer et mettre le feu à leur ville que de se rendre au vainqueur On voit encore les ruines de Numance à une lieue au-dessous de *Soria*, dans la Castille septentrionale.

— 2. *Lapithas.... Hylæum, etc.* Les Lapithes, peuple de la Thessalie. Suivant Dacier, par ces Lapithes et par ces géants qu'Hercule dompta dans les plaines de la Thessalie, Horace entend les troupes

de Brutus et de Cassius, qui furent défaites par Auguste presque dans les mêmes lieux à la bataille de Philippes. Hylée, un des Centaures, *nimium mero*, figure, toujours suivant Dacier, Antoine, qui se perdit par son intempérance et que Florus appelle *ebrium imperatorem*.

— 3. *Dives Achæmenes.* Achémène passait pour le premier roi de Perse. Ses descendants, jusqu'à Darius, fils d'Hystaspe, portèrent son nom et furent appelés Achéménides.

— 4. *Migdonias.* Mygdon, roi de Phrygie.

ODE XIII.

Note 1. *Nocturno* est pour *noctu*. De même Virgile, *Énéide*, V, v. 868 : *Nocturnis rexit in undis.*

— 2. *Venena Colcha.* La Colchide, aujourd'hui *Iméréthie* et *Mingrélie*, contrée d'Asie, entre le Pont-Euxin et la mer Caspienne. L'expédition des Argonautes et l'histoire de Médée l'ont rendue fameuse. Elle était également célèbre par ses herbes vénéneuses et ses enchantements.

— 3. *Caducum*, qui est tombé et non pas qui doit ou qui devait tomber. Virgile, *Énéide*, VI, v. 481, dit dans le même sens, *bello caduci.*

— 4. *Bosporum.* Le Bosphore cimmérien, aujourd'hui *détroit de Zabache* ou *d'Iénikaleh*, et le Bosphore de Thrace, aujourd'hui *détroit de Constantinople.* Ces détroits avaient reçu le nom de Bosphore, parce qu'ils sont assez resserrés pour qu'un bœuf puisse les traverser à la nage.

— 5. *Celerem fugam Parthi.* On sait que la retraite des Parthes n'était pas moins à redouter que leur attaque, car ils lançaient leurs flèches en fuyant.

— 6. *Æoliis fidibus querentem Sappho puellis de popularibus.*—*Æoliis* pour *Lesbiis,* parce que Mitylène, capitale de l'île de Lesbos, patrie de Sapho, était une ville des Éoliens qui s'étaient établis dans l'Asie Mineure. — *Querentem,* se plaignant des Mityléniennes, ses compatriotes, dont elle n'avait pu se faire aimer.

— 7. *Alcæe.* Alcée était aussi de Lesbos.

— 8. *Bibit aure vulgus*. Les Latins ont dit *boire avec l'oreille,* pour : écouter avec avidité.

Nunc mihi, si qua tenes, ab origine dicere prima,
Incipe : suspensis auribus ista bibam.
(Propert. lib. III, el. VI.)

— 9. *Prometheus, etc*. Voyez livre I, ode II. — *Pelopis*. Voyez livre I, odes VI et XXVIII.

— 10. *Orion*. Orion, célèbre chasseur. C'était l'opinion des anciens que l'on conservait aux enfers les inclinations que l'on avait eues pendant la vie.

ODE XIV.

Note 1. *Geryonen, Tityonque*. Géryon, fils de Chrysaor et de Callirhoe. Il avait trois corps d'hommes, tête et buste, joints ensemble. C'est pourquoi Horace l'appelle *ter amplum*, et Virgile *tergeminum*. On a fondé cette fiction sur ce que Géryon était roi des îles Baléares, *Majorque*, *Minorque* et *Iviça*. Géryon fut tué par Hercule. — *Tityon*. Géant qui fut tué par Apollon, et dont le foie est rongé par un vautour.

ODE XV.

Note 1. *Lucrino*. Le lac Lucrin, dans la Campanie, était voisin de l'Averne. Auguste fit couper la langue de terre qui était entre ces deux lacs, sépara par une forte digue le Lucrin de la mer, et fit ainsi un très-grand port : c'était le port Julius. Le Lucrin a été comblé par un tremblement de terre, en 1536.

— 2. *Arcton*. L'Ourse, constellation qui donne son nom au pôle arctique. Horace ajoute *opacam* pour désigner un vent frais venant du nord. Ces portiques, tournés vers le septentrion, ne pouvaient être échauffés par les rayons du soleil, et offraient de l'ombre en tout temps. Il n'y avait pas à Rome, à cette époque de luxe et de délicatesse, une maison qui n'eût un lieu propre à recevoir l'air frais du nord, et aujourd'hui encore les portiques y sont tournés de la même façon.

ODE XVI.

Note 1. *Ægæo*. La mer Égée, aujourd'hui l'Archipel, comprenait ce vaste espace de mer parsemé d'îles, entre la côte de la péninsule grecque, la côte ouest de l'Asie Mineure, la Thrace et l'île de Crête.

Elle tirait son nom d'Égée, roi d'Athènes, qui s'y noya de désespoir, croyant que son fils Thésée avait péri dans son expédition contre le Minotaure.

— 2. *Grosphe.* C'est le même Pompeius Grosphus dont parle Horace dans son épître à Iccius, livre I, ép. XII.

— 3. *Hora. Hora* signifie ici l'horoscope, l'astre qui préside à la naissance, ou, si l'on veut, la Parque, comme dans ce passage de Perse, qui appelle *hora* ce que, dans le même vers, il nomme *parca* (*Sat.*, V, v. 48) :

Nostra vel æquali suspendit tempora Libra
Parca tenax veri; seu nata fidelibus Hora
Dividit in Geminos concordia fata duorum.

D'autres entendent moins bien par *hora* le temps.

— 4. *Parca non mendax. Parca* est la même chose ici que sept vers plus haut, *hora*. Perse, que nous venons de citer, imite Horace en cet endroit, et l'explique, car *Parca tenax veri* est évidemment pour *Parca non mendax*. Les anciens croyaient que les Parques réglaient les destinées de chacun au moment de la naissance, et que ce qu'elles avaient ordonné était immuable et certain. C'est pourquoi notre poëte dit encore dans le *Chant séculaire* :

Vosque, veraces cecinisse, Parcæ,
Quod semel dictum est stabilisque rerum
Terminus servat, bona jam peractis
Jungite fata.

ODE XVII.

Note 1. *Ille dies.* Le ciel exauça le vœu de l'amitié, et accomplit la prédiction du poëte. Par une coïncidence touchante, le même mois vit mourir le ministre et son ami. Auguste fit faire au poëte de magnifiques funérailles, et il voulut que son tombeau fût élevé auprès du mausolée de Mécène, à l'extrémité des Esquilies.

— 2. *Chimæræ.* Voyez livre I, ode XXVII, v. 24.

— 3. *Centimanus Gyas.* Gyas, un des Titans, fils du Ciel et de la Terre, avait, comme ses frères Cœus et Briarée, cent mains et cinquante têtes.

— 4. Perse exprime la même idée, *Sat.*, V, v. 50 :

Saturnumque gravem nostro Jove frangimus una.

— 5. *Lætum theatris ter crepuit sonum*. Mécène relevant d'une longue maladie, se rendit au théâtre de Pompée ; le peuple le reçut avec des applaudissements et de grandes démonstrations de joie. Heureux et fier de la gloire et du bonheur de Mécène, le poëte rappelle ici, pour la seconde fois, cet événement dont il a déjà parlé dans l'ode XX du premier livre :

. . . . . Datus in theatro
Quum tibi plausus, etc.

— 6. *Me truncus illapsus cerebro*. Voyez l'ode XIII du présent livre et l'ode VIII du Livre III.

ODE XVIII.

Note 1. *Hymettiæ*. Voyez ode VII du présent livre.

— 2. *Attali*. Voyez livre I, ode I.

— 3. *Laconicas*. Le cap Ténare, en Laconie, était renommé pour ses teintures en pourpre.

— 4. *Fides*. Dacier a traduit ce *fides* par « fidélité ». Bien d'autres traducteurs l'ont suivi dans cette fausse interprétation ; *fides* veut dire ici « lyre ». Ce mot ne se trouve employé qu'au pluriel, *fides, fidium*. Le nominatif singulier est *fidis* et non *fides*.

— 5. *Baiis*. Baïes, petite ville de la Campanie sur le golfe du même nom. La beauté des environs y attira les Romains, qui comblèrent par des digues une partie du golfe pour y élever des bâtiments au milieu des eaux, ce qui a fait dire à Virgile (*Énéide*, liv. IX, v. 710) :

Qualis in Euboico Baiarum littore quondam
Saxea pila cadit, magnis quam molibus ante
Constructam jaciunt ponto.

— 6. *Promethea*. Voyez livre I, ode II.

— 7. *Tantali genus*. Pélops, Atrée, Thyeste, Agamemnon. — Joignez *levare* à *vocatus*. On pourrait aussi, à la rigueur, le faire dépendre de *audit*, *audit ad levandum* pour *ut levet*, et voir là un hellénisme.

ODE XIX.

Note 1. *Evoe*. Cri des bacchantes et de ceux qui suivaient Bacchus.

— 2. *Thyadas* ou *Thyiadas*, c'est-à-dire « furieuses ». On donnait ce nom aux prêtresses de Bacchus.

— 3. *Beatæ conjugis additum stellis honorem.* — *Conjugis.* Ariadne, fille de Minos, abandonnée par Thésée dans l'île de Naxos. Bacchus, touché de sa beauté, la prit pour épouse. Une couronne qu'il lui avait donnée fut placée par les dieux au nombre des constellations : c'est la *Couronne d'Ariadne,* entre l'Arcture et Engonasis ou Hercule.

— 4. *Penthei.* Penthée, roi de Thèbes, qui, ayant outragé Bacchus, fut mis en pièces par sa mère Agavé et par ses tantes Ino et Autonoé.

— 5. *Thracis et exitium Licurgi.* Licurgue, roi de Thrace. Bacchus le rendit furieux et aveugle, parce qu'il avait interdit la culture de la vigne dans ses États. Il se coupa lui-même l'extrémité des membres, égorgea son fils Dryas, et fut dévoré par des panthères.

— 6. *Amnes.* L'Indus et le Gange que Bacchus avait rangés sous ses lois.

— 7. *Mare barbarum.* La mer des Indes. *Barbarum* veut dire ici étranger.

— 8. *Bistonidum. Bistones,* femmes de Thrace. Ce mot a ici le sens de bacchantes.

— 9. *Rhœtum* ou *Rhœcum.* Un des Titans.

— 10. *Cornu.* Symbole de la force et du courage. Horace dit ailleurs (livre III, ode XXI) :

> *Tu spem reducis mentibus anxiis*
> *Viresque, et addis* cornua *pauperi, etc.*

ODE XX.

Note 1. *Non usitata... penna.* Parce qu'il fut le premier Romain qui eût composé des Éoliques. Il rappelle ce titre de gloire dans l'*Exegi monumentum* (livre III, ode XXX et dernière) :

> *Princeps Æolium carmen ad Italos*
> *Deduxisse modos.*

— 2. *Biformis*, c'est-à-dire homme et cygne.

— 3. *Dædaleo ocior Icaro.* Voyez livre I, ode III.

— 4. *Bospori.* Voyez ci-dessus, ode XIII, aux notes.

— 5. *Syrtesque Gætulas.* Contrée de l'Afrique au sud de l'Atlas ; elle avait au nord la Numidie et les deux Mauritanies, à l'est le pays des Garamantes, au sud la Nigritie, et à l'ouest l'Océan Atlantique. Voyez livre I, ode XXII.

— 6. *Hyperboreosque campos.* Cette expression est toujours prise par les anciens dans le sens général des régions septentrionales, sans en déterminer la position, parce qu'ils ne connaissaient pas assez le nord de l'Europe. On en peut dire autant de *Hyperborei montes* qu'ils ont souvent confondus avec les monts Riphées

— 7. *Colchus.* Voyez ci-dessus, ode XIII, aux notes.

— 8. *Marsæ cohortis.* La cohorte marse, ou plutôt les cohortes marses, c'est-à-dire romaines, car les Marses étaient un peuple de l'Italie, de la famille sabellique, et habitaient dans les montagnes qui entourent le lac Fucin. Ils passaient pour les plus braves soldats de l'Italie, d'où le proverbe : *Nec de Marsis, nec sine Marsis posse triumphari.*

— 9. *Dacus.* Les Daces habitaient cette partie de l'Europe où sont maintenant la Bulgarie, la Valachie, la Moldavie et la Transylvanie. Virgile indique assez la situation des Daces par ce vers (*Géorg.*, liv. II, v. 497) :

Aut conjurato descendens Dacus ab Istro.

Le Danube se nommait autrefois Ister, et conserve encore ce nom dans la partie basse de son cours.

— 10. *Geloni.* Voyez ci-dessus, ode IX, aux notes.

— 11. *Peritus.... Hiber.* Au temps d'Auguste les Espagnols commençaient, dit-on, à s'appliquer aux lettres.

— 12. *Rhodanique potor.* L'habitant des bords du Rhône, et par extension les peuples des Gaules. Virgile dit aussi (*Énéide*, VII, v. 715) :

Qui Tiberim Fabarimque bibunt.

— 13. *Absint inani funere neniæ, etc.* Horace ne veut point de ces honneurs funèbres, de ces pleurs, de ces plaintes qui feraient croire qu'il n'est plus ; dans sa pensée il ne peut cesser de vivre. Il se souvient ici sans doute de ces vers d'Ennius :

Nemo me lacrimis decoret, nec funera fletu
Faxit. Cur ? volito vivu' per ora virum.

Horace ne s'est point trompé : tous les peuples civilisés connaissent et admirent ses poésies ; elles assurent à son nom la plus glorieuse immortalité.

www.ingramcontent.com/pod-product-compliance
Lightning Source LLC
LaVergne TN
LVHW050523100826
845148LV00002B/423

* 9 7 8 2 0 1 2 6 9 1 9 4 0 *